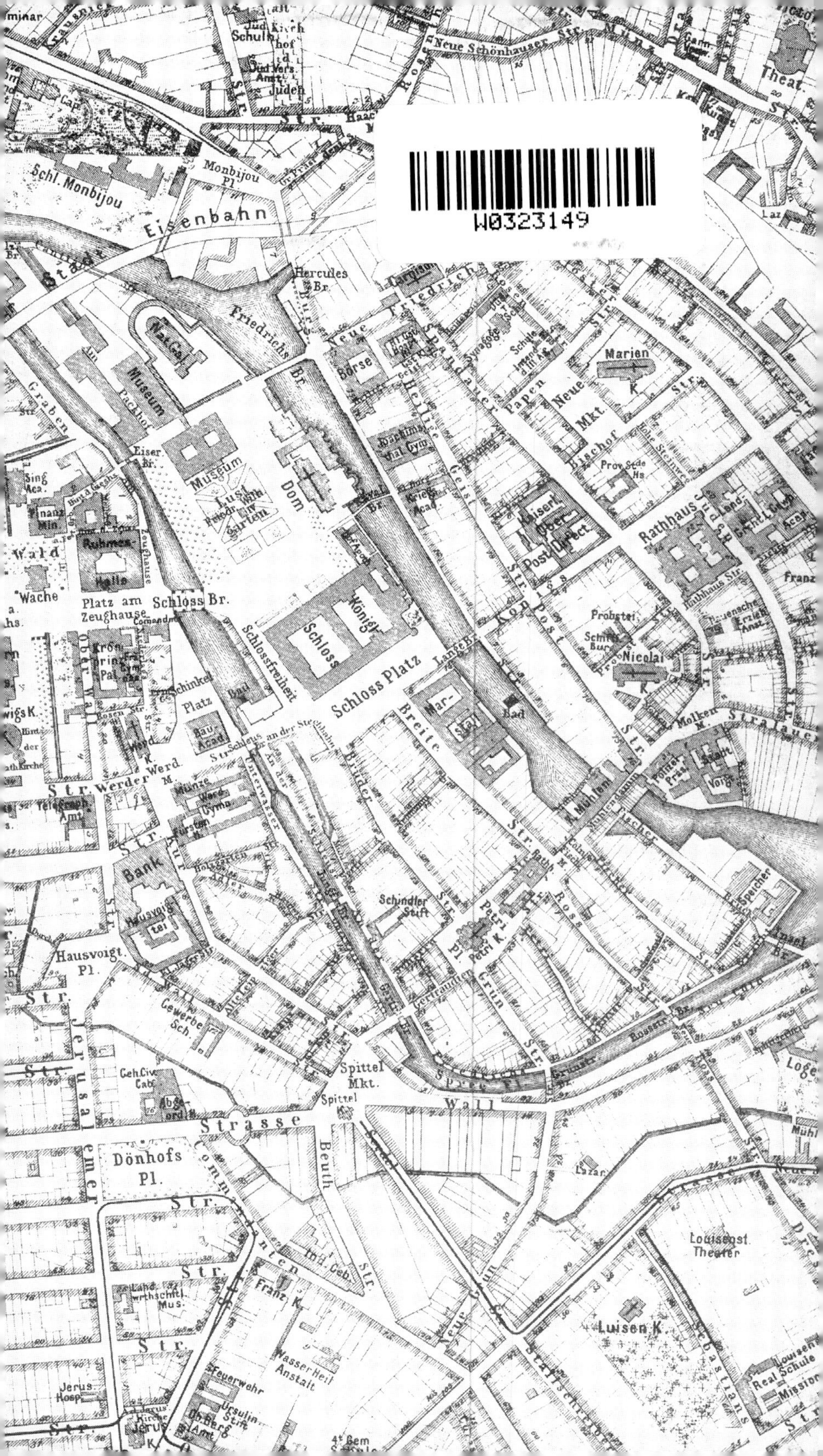

Neue Schönhauser Str.
Theat.
Schl. Monbijou
Monbijou Pl.
Eisenbahn
Hercules Br.
Friedrichs Br.
Nat. Gal.
Museum
Packhof
Börse
Neue Friedrich Str.
Marien K.
Neue Mkt.
Papen
Bischof
Eiser. Br.
Museum
Lust Garten
Dom
Sing Aca.
Finanz Min.
Ruhmes-Halle
Wache
Platz am Zeughause
Schloss Br.
Zeughaus
Schloss
Königl
Schlossfreiheit
Schloss Platz
Lange Br.
Kaiserl. Ober Post Direct.
Rathhaus
Probstei
Nicolai K.
Post Str.
Mar-stal
Bad
Breite
Molken M.
Stralauer
Bau Acad.
Platz
Werder M.
Münze
Werd. Gym.
Telegraph. Amt
Bank
Hausvoigtei
Hausvoigt. Pl.
Gewerbe Sch.
Schindler Stift
Petri Pl.
Petri K.
Grün Str.
Spittel Mkt.
Spittel
Wall
Strasse
Dönhofs Pl.
Beuth Str.
Jerusalemer Str.
Commandanten Str.
Ind. Geb.
Franz. K.
Wasser Heil Anstalt
Feuerwehr
Ursulin. Stift
Jerus. Hosp.
Louisenst. Theater
Luisen K.
Louisenst. Real Schule
Mission
Neue Jacob Str.
Sebastians Str.
Dresdener Str.
Logen
Insel Br.
Speicher

HARALD BODENSCHATZ

»DER ROTE KASTEN«

HARALD BODENSCHATZ

»DER ROTE KASTEN«

ZU BEDEUTUNG, WIRKUNG UND ZUKUNFT VON SCHINKELS BAUAKADEMIE

: TRANSIT

10961 Berlin, Gneisenaustraße 2

Layout und Umschlaggestaltung: Gudrun Fröba
Umschlag letzte Seite: Schinkel-Denkmal
von Johann Friedrich Drake, 1993 bis 1996
provisorisch aufgestellt im kriegszerstörten
Pavillon auf der Museumsinsel (Ostseite)
neben der Nationalgalerie.
Foto: Dr. Bernhard Maaz
Innenumschlag: Der alte Kern Berlins um 1879 (vorne)
und Der alte Kern Berlins um 1990 (hinten)
Druck und Bindung: Pustet GmbH, Regensburg
ISBN 3-88747-113-X

INHALT

EINLEITUNG

Im Jahre 1995 wurde ein elementarer Eingriff in das historische Zentrum von Berlin vollzogen, der erste große, politisch motivierte Eingriff seit 1989: der Abbruch des Gebäudes des Außenministeriums der DDR auf dem Friedrichswerder. Dieser Abbruch provozierte allenfalls leisen Protest, zumeist aber Duldung bis Zustimmung, vor allem in Fachkreisen. Mit dem Abbruch des DDR-Regierungsgebäudes wurde Platz geschaffen für eine Neugestaltung des mittleren Friedrichswerder, Platz vor allem für ein Gebäude, dessen Wiederaufbau offenbar eine zentrale Sehnsucht vieler Fachleute stillen kann: die Schinkelsche Bauakademie. Dem ersten Abbruch eines prominenten DDR-Gebäudes im historischen Zentrum sollte der erste Wiederaufbau eines prominenten historischen Gebäudes folgen, ein Vorgang, dessen Tragweite erst sehr langsam wahrgenommen wird.

Die Neugestaltung des mittleren Friedrichswerder birgt die Chance in sich, einen entscheidenden Baustein des neuen Zentrums der deutschen Hauptstadt positiv zu formen. Sie birgt aber auch die Gefahr in sich, diesen Ort zu verspielen. Um die Chance zu nutzen, müßten zwei Aspekte besondere Beachtung finden: das programmatische Gebrauchskonzept und die städtebauliche Bedeutung einer möglichen neuen Bau-

Karl Friedrich Schinkel: Sterbender Genius der Baukunst über zerbrochener dorischer Säule rücklings liegend, Fensterbrüstungsplatte an der Bauakademie, Teil der »klassischen Bilderbibel des Baumeisters« (Friedrich Adler)

Vom Sockel gestürztes Denkmal für Karl Friedrich Schinkel, im Hintergrund die teilzerstörte Bauakademie, 1949

akademie – unter Berücksichtigung der Geschichte von Standort und Institution. Daß daneben die architektonische Bedeutung des Bauwerks nicht vernachlässigt werden darf, versteht sich von selbst: Gerade sie wurde in der Vergangenheit immer wieder in den Vordergrund gerückt, ihr galt das Hauptaugenmerk gerade der Architektenzunft.

Doch der Blick auf Gestalt und Material des Bauwerks »Bauakademie« allein greift zu kurz, er kann keine hinreichende Legitimation des Wiederaufbaus liefern. Notwendig ist eine Auseinandersetzung, die sich in das faszinierende Beziehungsgestrüpp begibt, den dieses Bauwerk verkörpert – ohne vorgefaßte disziplinäre Schranken und Scheuklappen. Dies erfordert einen Blick nicht nur in die Baugeschichte, sondern auch in die Geschichte der Institution Bauakademie, die Geschichte der Nutzungen des Bauwerkes und ihrer Wirkungen. Es zeigt sich dann, daß die Bauakademie auch ein Kristallisationspunkt der Berliner Wissenschafts- und Bildungsgeschichte war, ein historisches Potential, das aktiviert und gepflegt werden muß. Die Bauakademie war mehr als »nur« ein Meilenstein der europäischen Baugeschichte. Ein Wiederaufbau muß daher mehr sein als eine mehr oder weniger genaue Rekonstruktion eines architektonischen Highlights.

Der Zugang zur Bauakademie kann heute nur über die Verarbeitung des Abbruchs des Außenministeriums der DDR gehen, also des Gebäudes, das an die Stelle der abgebrochenen Bauakademie gesetzt wurde. Die folgende Darstellung beugt sich dieser Logik. Sie führt dann weiter über das Gebäude Bauakademie in eine komplexe Welt der Institutionen, die mit diesem Gebäude verbunden waren. Dabei steht selbstverständlich die Institution Bauakademie im Vordergrund. Nach einer Darstellung der Überlegungen zum Wiederaufbau der Bauakademie seit 1989 werden programmatische Prinzipien diskutiert, die bei einer künftigen Gestaltung Beachtung finden sollten. Die Form der Darstellung ist die eines wissenschaftlichen Essays – also der verknüpfenden Präsentation von knappen Analysen und Wertungen samt Vorschlägen. Dieser argumentative Überblick ist einer architektursoziologischen Perspektive verpflichtet, die ebenfalls kurz skizziert wird.

ABBRUCH DES AUSSENMINISTERIUMS DER DDR

Warum konnte und mußte ausgerechnet das Gebäude des Außenministeriums der DDR fallen? Hier ist zunächst nach den Akteuren und Interessenlagen zu fragen. Auffallend war, daß bereits kurz nach dem Fall der Mauer sich Stimmen aus dem Westteil der Stadt häuften, die einen Abbruch des Großbaus für wünschenswert hielten, den Abbruch eines Baus, der rasch als gestalterische Katastrophe kulturell entwertet wurde, und zwar quer durch die politischen und fachlichen Lager. Gegenstimmen gab es eigentlich keine, allenfalls Zweifler. Die Abbruchstimmung wurde durch einen breiten Konsens der wohlwollenden oder gleichgültigen Duldung getragen.

Im Konzert der Abbruchstimmen fanden sich auch solche, die ein umfassendes Kalkül mit dem Abbruch verbanden: Stimmen, die auf eine vollständige Beseitigung des DDR-Produkts »Marx-Engels-Platz«

Abriß des Außenministeriums der DDR, 1995
Links die Friedrichswerdersche Kirche von Karl Friedrich Schinkel, rechts die Reste des Außenministeriums, dazwischen der Turm des Französischen Doms auf dem Gendarmenmarkt, im Vordergrund archäologische Ausgrabungen im Bereich des ehemaligen Stadtschlosses.

Schon fast wieder vergessen: der mit dem 1. Preis im Spreeinselwettbewerb ausgezeichnete Entwurf von Bernd Niebuhr, Modell, 1994
Niebuhr schlug die vollständige Beseitigung des DDR-Herrschaftsforums vor: den Abriß des Palastes der Republik, des Staatsratsgebäudes und des Außenministeriums der DDR. Empfohlen wurde der Wiederaufbau der Bauakademie.

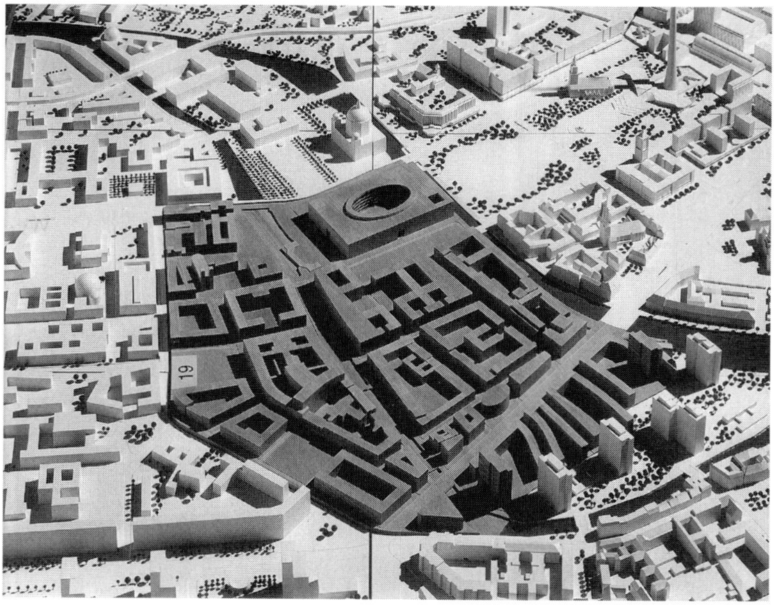

drängten, des Abbruchs also von Palast der Republik, Staatsratsgebäude und Außenministerium der DDR. So einig sich diese Stimmen vornehmlich aus dem Westen in ihrer Forderung nach Abbruch waren, so gespalten waren sie in der Frage, was denn dem Abbruch folgen sollte. Uneinigkeit herrschte allerdings nur auf dem Schloßareal, nicht auf dem Areal des Außenministeriums der DDR. Eine Fraktion forderte die formale Rekonstruktion des status quo ante bellum, vor allem den Wiederaufbau des Stadtschlosses, die andere Fraktion zielte auf eine moderne Lösung. Die zweite Fraktion bestand nahezu ausschließlich aus Architekten, sie war vor allem eine fachliche Initiative, die erste Fraktion kann als komplexe gesellschaftliche Initiative gekennzeichnet werden, die ein breites politisches und soziales Spektrum mobilisieren konnte.

Beiden Fraktionen war eines gemeinsam: das Bild eines Berliner historischen Zentrums, das im Bereich des ehemaligen Schlosses seinen Höhe- und Angelpunkt gefunden hatte. Diese Sichtweise schien geschichtlich felsenfest legitimiert zu sein. Dennoch war dieses Bild etwas schief, es ignorierte die komplexe Struktur des Berliner Zentrums, die wesentlich durch die Dualität der »Bürgerstadt« und der »Herrscherstadt« geprägt war.

Die »Bürgerstadt« entwickelte sich um den ersten Spreeübergang entlang der alten Fernhandelsstraße vom Spittelmarkt über die Gertraudenstraße, den Petriplatz, den Köllnischen Fischmarkt, den Mühlendamm, den Molkenmarkt, die Spandauer Straße, um das Rathauseck herum über die Königstraße bis zum Alexanderplatz – eine äußerst lebendige, geschäftige, unregelmäßige, sich immer wieder verengende und erweiternde Raumfolge, die in der Zeit des Absolutismus nach Westen hin über die Leipziger Straße bis zum Potsdamer Platz verlängert wurde. Diesem stadtbürgerlichen Hauptstraßenzug stand der herrschaftliche Hauptstraßenzug der Lindenallee gegenüber, ein regelmäßiger Stadtraum, der durch regelmäßige Plätze – Pariser Platz und Forum Fridericianum – erweitert wurde und im Lustgarten seinen herrschaftlichen Ausgangspunkt und – bis in die 1880er Jahre – auch seinen östlichen Endpunkt hatte.

Die Dualität dieser beiden ost-west-gerichteten Hauptstraßenzüge formte das Berliner Zentrum und markierte dessen städtebauliche Besonderheit. Alle Versuche, die beiden Hauptstraßenzüge durch einen dritten, mittleren zu ergänzen, und zwar in Höhe des Schloßplatzes oder südlich davon, scheiterten. Daher blieb der Werdersche Markt immer etwas jenseits der städtischen Kraftströme des Zentrums. Die duale Struktur hielt sich – trotz erster zerstörerischer Maßnahmen der NS-Zeit (Kahlschlag am Mühlendamm und am alten Molkenmarkt, Vorbereitung einer dominanten »Ostachse«) – bis zum Zweiten Weltkrieg. Erst nach dem Kriege verkümmerte in den Aufbauplanungen die duale Struktur zu einer monadischen Achsenstruktur. Die Sichtweise, die diese Planungen beflügelte, wurde in der DDR-Zeit durch den isolierten Wiederaufbau der Lindenallee und den Neubau der Stalinallee praktisch. An dieser Hauptachse zwischen Brandenburger und Frankfurter Tor wurde dann in deren Mitte seit den sechziger Jahren der Kern des Zentrums der Hauptstadt der DDR eingehängt; der alte stadtbürgerliche Hauptstraßenzug verkam zu einer Art automobilorientierter Südtangente, insbesondere im Bereich zwischen Spittelmarkt und Alexanderplatz (Gertrauden- und Grunerstraße). Im Zuge dieser städtebaulichen Neuinterpretation wurden die vom Krieg verschonten Reste der »Bürgerstadt« weitgehend weggeräumt, die »Herrscherstadt« dagegen erneuert – allerdings ohne deren Höhepunkt, das Stadtschloß.

Nach 1989 wurde der Verlust des Stadtschlosses zum neuerlichen Anlaß gesellschaftlicher Klage vornehmlich aus westlicher Optik, während der Verlust der »Bürgerstadt« mit ihren charakteristischen Stadträumen nicht einmal wahrgenommen wurde. Die eigentliche strukturelle Hauptaufgabe bei der Erneuerung des historischen Zentrums von Berlin, die städtebauliche Simplifizierung des Zentrums in Frage zu stellen und die Dualität der Hauptstraßenzüge in zeitgemäßer Form neu zu entfalten, wurde nicht erkannt. Die einseitige Sichtweise mobilisierte jedenfalls die Abbruchstrategen, die ihr schiefes Bild vom historischen Zentrum als ästhetische Raumform wieder auferstehen lassen wollten – mit der Brechstange gegenüber dem inzwischen realisierten Zentrum der Hauptstadt der DDR.

Abbildungen Seite 13
Blick auf die Reste des Werderschen Marktes im Jahre 1959 (noch mit Bauakademie, oben), 1962 (nach Abbruch der Bauakademie, Mitte) und 1966 (mit Außenministerium, unten)

Die Befürworter eines Generalabbruchs des Marx-Engels-Platzes waren finanzstark, lautstark und medienwirksam. Sie hatten nicht nur in der großen Koalition in Berlin Einfluß, sondern auch in der Bonner Politik und Verwaltung, und das umso mehr, als Berlin dem Bund die Spreeinsel als Regierungsstandort offerierte. Der Einfluß transformierte sich in politisches Handeln, in eine systematische Vorbereitung des Generalabbruchs. Die Vorbereitung bedurfte einer Legitimation, und diese sollte durch eine fachliche Absolution erfolgen: durch einen städtebaulichen Ideenwettbewerb, den berühmten Wettbewerb Spreeinsel. Das Ergebnis dieses 1994 abgeschlossenen Wettbewerbs ist bekannt: Der Wettbewerbsgewinner, Bernd Niebuhr, schlug den Abbruch des Palasts der Republik, des Staatsratsgebäudes und des Außenministeriums der DDR vor. Das war eigentlich ein ungeheuerlicher Vorgang, der aber damals in westlichen Augen als keineswegs besonders dramatisch wahrgenommen wurde.

Mit dem Wettbewerbsergebnis Spreeinsel schien das politische Projekt eines Generalabbruchs des politischen Zentrums der DDR fachlich legitimiert. Nicht etwa die Politik, sondern die Fachwelt, so hieß es in den politischen Verlautbarungen nach dem Wettbewerb, verlange nach dem Generalabbruch. Die Architekten hätten das vorgeschlagen, und zwar mehrheitlich, und die durch Architekten dominierte Jury hätte dies positiv gewürdigt. Doch diese Legitimation war nur eine Scheinlegitimation. Denn die am Wettbewerb teilnehmenden Architekten und das Preisgericht hatten den Generalabbruch nicht etwa frei gewählt, sondern dieser war vorgegeben – zwingend vorgegeben beim Palast der Republik und dem Außenministerium der DDR, nicht zwingend vorgegeben, aber mit Nachdruck empfohlen beim denkmalgeschützten Staatsratsgebäude.

Der Wettbewerb hatte also nichts anderes zum Ergebnis, als was die Auslober direkt und indirekt verlangt haben. Darin liegt natürlich an sich überhaupt nichts Verwerfliches, im Gegenteil: Es wird zu Recht immer wieder gefordert, daß die Politik klare Vorgaben bei Wettbewerben mache. Das Problematische lag vielmehr darin, daß der politischen Entscheidung zur Generalentsorgung des Marx-Engels-Platzes keine breite öffentliche und fachöffentliche Debatte vorausging und daß die Politik sich dann hinter einem Wettbewerbsergebnis versteckte. Die vorher nicht gesuchte gesellschaftliche Legitimation sollte

Die dominante Ostfassade des Außenministeriums der DDR mit Haupteingang, stolz präsentiert auf dem Titelbild der Zeitschrift »Deutsche Architektur«, November 1965. Im Hintergrund links das Staatsratsgebäude.

durch das Urteil des Preisgerichts im Nachhinein herbeigezaubert werden.

Das Projekt des Generalabbruchs stieß auf erheblichen öffentlichen Widerstand, aber auch auf internen Widerstand von Fachleuten aus der Verwaltung. Die verwaltungsinterne Opposition wurde bald relativ erfolgreich gezügelt. Erinnert sei an ein denkwürdiges Ereignis der Nachwendezeit. Anfang 1992 wagte der Landeskonservator öffentlich über den Denkmalcharakter des Marx-Engels-Platzes nachzudenken. Die Reaktion der Politik ließ nicht auf sich warten: »Sowenig sich die Kunst in die Politik einmischen sollte«, das waren etwa die Worte von Herrn Buwitt, MdB, Berlin, »so wenig sollte sich die Politik in die Kunst einmischen. Rein politisch ist es vor allem, zeitliche Überbleibsel eines Unrechtsystems für denkmalswürdig zu erklären.« (FAZ 24. Februar 1992) Ausgesprochene Unkultur offenbarte schließlich die Forderung nach einer Abwicklung des Landeskonservators, der – so etwa der stadtentwicklungspolitische Sprecher der FDP-Fraktion – »mit seiner distanzlosen Beziehung zum realsozialistischen Städtebau« einer Diskussion über den Umgang mit diesem Gelände »im Wege steht« (Berliner Morgenpost 16. Februar 1992).

Verteidiger fand der Landeskonservator in der großen Koalition zunächst keine. Seitdem war dem verwaltungsinternen Widerstand gegen den Generalabbruch weitgehend die Möglichkeit verwehrt, an die Öffentlichkeit zu gehen, und um die Denkmalschutzdiskussion am Marx-Engels-Schloß-Platz wurde es still. Etwas zu still. Stiller jedenfalls als etwa in Chemnitz, wo die Institution Denkmalpflege in der Frage des Denkmalschutzes für den »zentralen Platz« aus den sechziger Jahren nicht so schnell zurückgepfiffen werden konnte. In Berlin waren es vor allem Fach- und Bürgerinitiativen, die sich für den Erhalt des Staatsratsgebäudes eingesetzt haben, und die sich heute für den Erhalt des Palasts der Republik einsetzen. Der Palast der Republik wurde als zentraler öffentlicher Ort der Begegnung und Unterhaltung von Bürgern Ost-Berlins verteidigt, das Staatsratsgebäude als bemerkenswertes Baudenkmal von Fachleuten aus Ost und West.

Für das Außenministerium der DDR gab es keine vergleichbare Initiative. Der Großbau war mit keinen besonderen Alltagserfahrungen verbunden, und er wurde auch nicht als Baudenkmal angesehen. Über seine konkrete Nutzungsgeschichte und seine Organisation wie Raumausstattung war wenig bekannt. Wer kannte nach 1989 schon seine Entstehungsgeschichte, wer kannte die damals diskutierten Varianten, die kritischen Einwände gegen das Projekt, wer kannte die beteiligten Architekten? Wer kannte schon den Bauzustand und die Ausstattung des Gebäudes? Die umfassende Unkenntnis war aber für eine negative Bewertung des Gebäudes kein Hindernis. Im Gegenteil, sie erleichterte die Bewertung. Daß das Gebäude wertlos war, war a priori selbstverständlich. Die Beauftragung einer wissenschaftlichen Dokumentation des Gebäudes erfolgte erst nach dem Beschluß seines Abbruches, sie wurde von Dorothea Tscheschner im Auftrag der Deutschen Stadtentwicklungsgesellschaft mbH/Büro Berlin (DSK) erstellt, nach dem Abbruch, a posteriori. Nur eines wußten die verantwortlichen Politiker schon vorher: Das Gebäude war baulich in Ordnung, ohne große Schäden. Dies war 1992 gutachterlich festgestellt worden.

Und bis Frühjahr 1995 residierte in dem Bau immerhin die Berliner Außenstelle des Auswärtigen Amtes.

Der Großbau des DDR-Außenministeriums, ja das Gelände des gesamten mittleren Friedrichswerder überhaupt blieb im Schatten der großen Konflikte. Sämtliche prämiierten Arbeiten des Spreeinselwettbewerbes zeigten den Kubus der Bauakademie. Faßt man alle Arbeiten der zweiten Wettbewerbsphase zusammen, so plädierten immerhin fast 90 Prozent für den Wiederaufbau. Im Gegensatz etwa zur Gestaltung des ehemaligen Schloßbereichs zeigte sich in der Gestaltung des mittleren Friedrichswerder eine geradezu einhellige, gleichgerichtete Neugestaltungskonzeption. Dieser Bereich fand auch im Preisgericht, in der öffentlichen und fachöffentlichen Wahrnehmung keine besondere Aufmerksamkeit. Der Vorschlag von Bernd Niebuhr wurde nicht etwa wegen seiner Konzeption für das Gelände des Außenministeriums der DDR preisgekrönt, sondern wegen seiner Konzeption für das neue Bundesaußenministerium im südlichen Bereich des Marx-Engels-Platzes, eine Konzeption, die den Abbruch des Staatsratsgebäudes voraussetzte. Doch genau diese Konzeption wurde später fachlich und politisch gekippt. Und die Idee, den Palast der Republik abzureißen, um ihn dann in neuer Form, aber mit prinzipiell gleichem Inhalt wiederaufzubauen, fand von vorneherein keine große Zustimmung. Sie befriedigte weder die Schloßaufbaufraktion noch die Neue-Architektur-Fraktion. Dennoch wurde auf Basis des Niebuhr-Entwurfs der mittlere Friedrichswerder weiterbeplant, auf Basis eines Entwurfs, der aus ganz anderen Gründen als wegen seiner Vorschläge für den Friedrichswerder mit dem ersten Preis prämiiert worden war. Und es wird nicht nur geplant, sondern auch gehandelt. Das ist natürlich nicht dem Architekten anzulasten.

Während auf der Spreeinsel die großen konzeptionellen Material- und Ideenschlachten ausgetragen wurden, die zunächst nur in die fragwürdige Umbenennung des Marx-Engels-Platzes in »Schloßplatz« mündeten, konnte angesichts der allgemeinen negativen Bewertung des DDR-Außenministeriums der Abbruch ohne große Hindernisse logistisch vorbereitet werden. Im Mai 1994 wurde der Wettbewerb Spreeinsel entschieden. Im Juni 1994 sprach sich der Gemeinsame Ausschuß grundsätzlich für einen kurzfristigen Abbruch des DDR-Gebäudes aus. Im Rahmen der Entwicklungsmaßnahme Hauptstadt Berlin standen

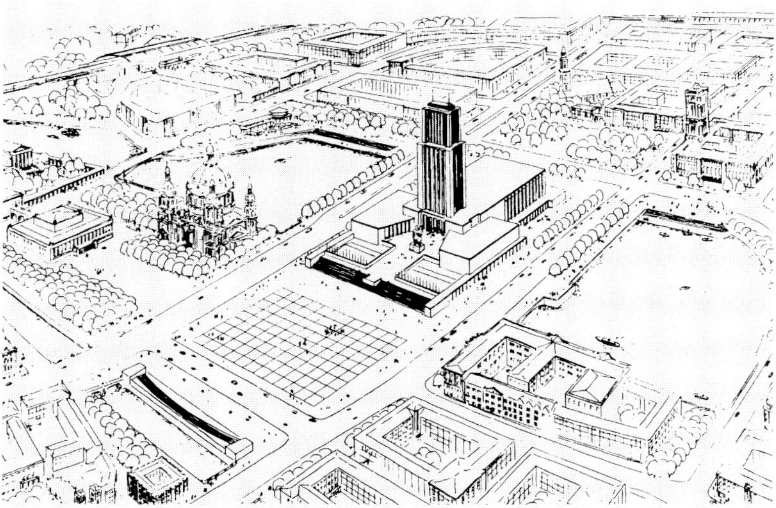

Vorschlag zur Neugestaltung des »Marx-Engels-Forums« von Gerhard Kosel
Veröffentlicht vor dem Wettbewerb zur sozialistischen Umgestaltung der Hauptstadt Berlin, 1958. Gezeigt wird die Sicht von Westen her, im Vordergrund links etwas abseitig die Bauakademie, jenseits des Spreekanals eine große Tribüne, die sich nach Osten, zum Zentralen Hochhaus hin, orientiert.

dafür Gelder bereit. Die Vorbereitungen zum Abbruch leitete der Entwicklungsträger ein, die DSK-Berlin. Im Februar 1995 beschloß der Gemeinsame Ausschuß den schnellen Beginn des Abbruchs, und zwar noch für das Frühjahr 1995. Als dann der Abbruch am 5. Mai 1995 angekündigt wurde, war die Öffentlichkeit zwar überrascht, aber keineswegs unangenehm. Immer noch fand der Abbruch breiten Konsens. Auch noch, als während der Bauwochen das Gebäude zum ersten und letzten Mal durch die Stadtbürger besichtigt werden konnte, durch immerhin etwa 12.000 Interessenten. Schon am 3. Mai verkündete die BZ in großen Lettern: »Tschüs, Klotz: Keiner weint Dir nach«.

Der Konsens über den Abbruch war offenbar unerschütterlich. Aber die Zeit drängte. Denn es war nicht sicher, daß dieser Konsens stabil blieb, es war nicht sicher, was die Berliner Wahlen im Herbst 1995 für neue Durchsetzungsprobleme mit sich bringen würden. Insbesondere war nicht kalkulierbar, wie die Öffentlichkeit reagieren würde, wenn allgemein bekannt wird, daß kein gesichertes Nutzungs- und Finanzie-

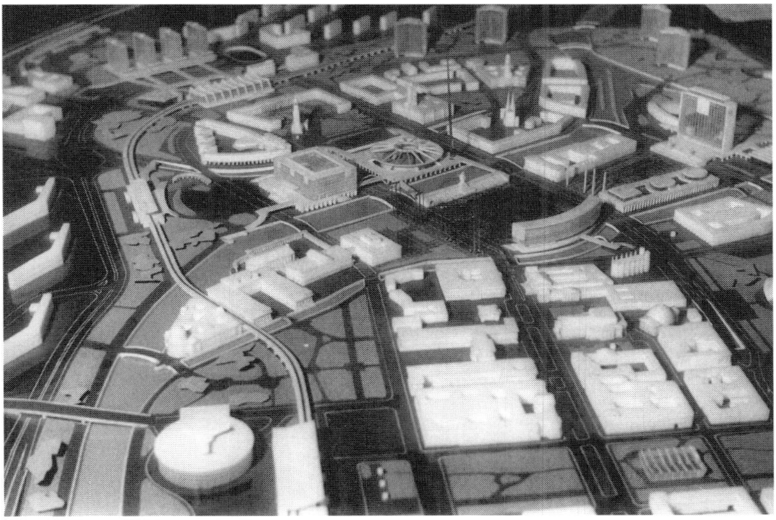

Vorschlag zur Neugestaltung des »Marx-Engels-Forums« von A. Naumov, S. Speransky u.a. (Leningrad)

Erster Ankauf im Rahmen des Ost-Berliner Zentrumswettbewerbs, 1959, Foto: Götz Bergander. Das geplante neue, ost-west-gerichtete Zentrumsband sollte im Westen durch ein geschwungenes »Marx-Engels-Lenin-Institut« abgeschlossen werden, das die Bauakademie verdrängte und dem Westen seine Rückseite zeigte. Das Zentrumsband wurde durch einen langgestreckten, riesigen Platz auf der Spreeinsel gequert, so daß sich eine Art Zentrumskreuz ergab, das die barocken Raumfolgen eindeutig übertrumpfte.

rungskonzept für eine Alternative vorliegt, daß 22.000 Quadratmeter Nutzfläche ohne sicheren Ersatz vernichtet werden. Und zwar, ohne daß vorher die Möglichkeit von Zwischennutzungen und Umbaualternativen ernsthaft geprüft wurde. Ein erstes Zeichen bröckelnden Konsenses war auch schon sichtbar: die Protestaktion der Studentinnen und Studenten der Hochschule der Künste am 2. Juni 1995, die »den Abriß als Teil einer problematischen Umgestaltung ins öffentliche Bewußtsein« rücken wollte. Von daher wurde der Abbruch beschleunigt und konnte als spektakulärer Akt der auslaufenden Legislaturperiode vollzogen werden, als Kraftakt, der die Potenz der großen Koalition versinnbildlichen sollte, eine Potenz, die im Grabenkrieg auf der Spreeinsel verblaßt war.

Der im Dezember 1995 abgeschlossene Abbruch, begrifflich vorsichtig als Rückbau bezeichnet, kostete schließlich nicht einmal die veran-

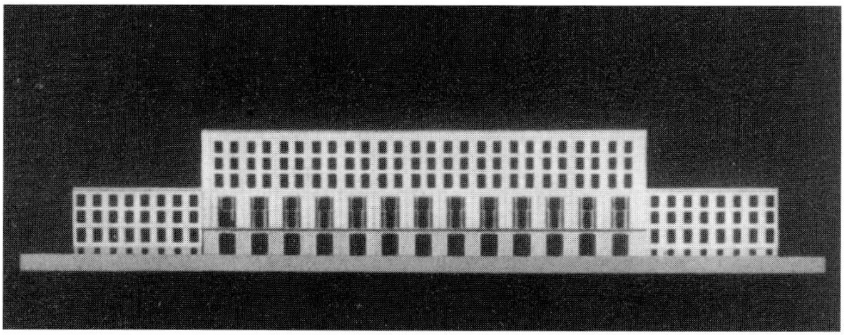

Früher Vorschlag für ein in der Höhenentwicklung relativ zurückhaltendes Gebäude am Standort des späteren Außenministeriums, Kollektiv Kaiser, 1959
Das Gebäude nimmt in seinen Dimensionen noch Rücksicht auf die historische Bebauung südlich und nördlich des Neubaus. Der Entwurf wurde in den 60er Jahren als »in traditionellen Repräsentationsvorstellungen befangen« kritisiert (Deutsche Architektur 11/1965, S. 653).

schlagten 10 Millionen DM Landesmittel, die vom Bund zu zwei Drittel bezuschußt wurden. Der günstige Preis war der ökologischen Form des Rückbaus geschuldet: 85 Prozent des Gesamtmaterials wurden recycelt, vor allem für den Straßenbau.

Warum aber wurde das DDR-Gebäude ohne großen Widerspruch a priori für wertlos erachtet? Nicht jedenfalls wegen seiner inneren Struktur und seines baulichen Zustands, sondern wegen seiner äußeren Erscheinung, die als »scheußlich«, »grauenvoll« und »nicht erhaltenswert« gekennzeichnet wurde, vor allem aber wegen seiner beherrschenden Lage im Stadtraum. Der etwa 145 Meter lange und 44 Meter hohe Bau störte nämlich die seit 1989 wieder dominante Sichtweise auf das historische Zentrum von Berlin, er störte den Blick von Westen, von der Straße Unter den Linden her. Warum aber war diese Störung so gravierend, weitaus gravierender als zahlreiche andere optische Störungen, auch im Westteil der Stadt? Mit dieser Frage ist ein historisches Grundproblem der Berliner Zentrumsentwicklung angesprochen, nämlich die stadträumliche Ausrichtung der Spreeinsel nach Westen hin. Westlich des Schlosses entwickelte sich in der Kaiserzeit die eigentliche City Berlins, im Osten stagnierte das zweitklassige Zentrum.

Diese weitere Besonderheit des Berliner historischen Zentrums war wiederum eine Folge der spezifischen Dualität zwischen »Bürgerstadt« und »Herrscherstadt«. Die vor allem im Zeitalter des Absolutismus do-

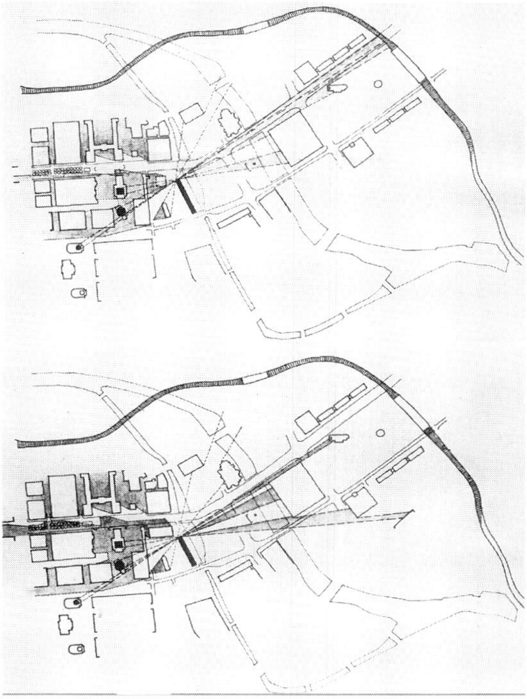

Bruno Flierl, Plädoyer für eine Verkürzung des Gebäudes des DDR-Außenministeriums, März 1966

Die städtebaulich nach Osten orientierte Neubauscheibe war schon zu ihrer Entstehungszeit in der DDR umstritten. Nachdem das Ringen um eine niedrigere Bauhöhe gescheitert war, hatte sich Bruno Flierl für eine Verkürzung des Gebäudes im Norden eingesetzt. Die Skizze, Auftakt einer ganzen Reihe von Demonstrationsbildern, verdeutlicht die Blickbeziehungen vor allem zwischen den historischen Gebäuden des Zentrums und lenkt damit die Aufmerksamkeit auf die Bauten »hinter« dem Außenministerium mit dem Ziel, zwischen den Zentrumsgebieten östlich und westlich der Scheibe wichtige Sichtbeziehungen nicht zu verstellen. Gezeigt wird oben die geplante (und auch realisierte) Situation und unten die Verhältnisse bei einer verkürzten Scheibe. Nach dem Scheitern aller Bemühungen um eine Schadensbegrenzung kritisierte Bruno Flierl die städtebauliche Rolle des neuen Gebäudes mit scharfen Worten: »... das Gebäude des MfAA (Ministerium für Auswärtige Angelegenheiten, der Verf.) erscheint wie ein Riegel vor dem Eingang in die Straße Unter den Linden. Wäre das Gebäude nur um drei Achsen, das heißt 18,00 Meter kürzer, wäre neben dem auch jetzt sichtbaren Bühnenaufbau der Staatsoper nicht nur die ganze Kuppel der Hedwigs-Kathedrale, sondern sogar noch der Turm vom Französischen Dom am Platz der Akademie zu sehen – eine einmalige innere Silhouette im historischen Berlin, ein plastischer Dreiklang im sich öffnenden Raum am Eingang zum Berliner Forum zwischen dem MfAA-Gebäude und dem Zeughaus. Leider ist diese Chance verpaßt worden. Unbefriedigender noch ist die optische Wirkung des MfAA-Gebäudes vom Raum des Berliner Forums aus. ... Leider ist diese Wirkung ... nicht mehr zu beseitigen.« (Flierl 1966, S. 17f.)

minante »Herrscherstadt« entwickelte sich – nach anfänglichen Unsicherheiten – eindeutig in eine Richtung: nach Westen. Sie fand am Lustgarten ihren östlichen Abschluß. Das alte Berlin östlich der Spree blieb im Schatten der Entwicklung der Residenzstadt. Selbst dem in den 1880er Jahren realisierten Durchbruch der Kaiser-Wilhelm-Straße, der dem Sackgassencharakter der Lindenallee ein Ende setzte und das alte Berlin der Citybildung erschließen sollte, war nur ein mäßiger Erfolg beschieden. Zwar entthronte er das Schloß in städtebaulicher Hinsicht, ein Faktum, das dem Verlust der realen Herrschafts- und Gestaltungsfunktion des Schlosses im 19. Jahrhundert durchaus entsprach, aber eine moderne City mochte sich entlang der Kaiser-Wilhelm-Straße nicht richtig entwickeln. Das alte Berlin blieb zweitklassig – hinsichtlich der Bewohner, der Nutzung, der Bodenpreise, der Pracht der öffentlichen Räume.

Diese Verhältnisse prägten das historische Zentrum bis zur Spaltung der Stadt nach dem Zweiten Weltkrieg. Selbst in den fünfziger Jahren, als auch in Ost-Berlin noch für Gesamtberlin geplant wurde, blieb diese Westorientierung erhalten. Die Darstellung der neuen sozialistischen Mitte mit einem zentralen Hochhaus für die zentralen Regierungsfunktionen an Stelle der abgebrochenen Schloßruine wurde weiterhin von Westen her präsentiert, von der Straße Unter den Linden her. Diese Westorientierung wurde erst Ende der fünfziger Jahre in Frage gestellt, im Rahmen des »Ideenwettbewerbs zur sozialistischen Umgestaltung des Zentrums der Hauptstadt der DDR, Berlin«. Hier waren es die sowjetischen Architekten Naumov und Speransky, die auf dem Gelände der ehemaligen Schloßfreiheit ein Gebäude vorschlugen, das sich nach Osten hin orientierte und das neue sozialistische Stadtzentrum nach Westen hin abschloß.

Der Bau des Außenministeriums wurde 1961 beschlossen und 1967 fertiggestellt – nach Plänen des Kollektivs Josef Kaiser. Das Außenministerium war der erste und im übrigen der einzige Bau, der ausdrücklich nach Osten orientiert war. Er signalisierte das westliche Ende des neuen Zentrumsbandes, das sich bis zum Alexanderplatz erstreckte. Hinter der großen Bauscheibe des Außenministeriums verblieb die ehemalige City von Berlin im Schatten. Dieser radikale stadträumliche Bruch wurde bereits zur Zeit der Planung des Außenministeriums fachlich kritisiert – ein Faktum, das zweifellos dazu beitrug, daß selbst ein Wider-

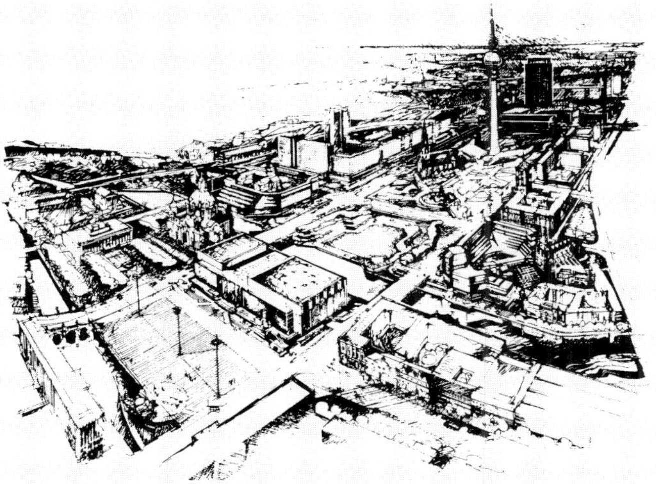

Darstellung des Zentrums der Hauptstadt der DDR
mit der eindeutigen städtebaulichen »Grenze« des Außenministeriums im Westen (links unten im Bild), Federzeichnung von Dieter Bankert, 1976

stand Ost-Berliner Fachleute nach 1989 nicht spürbar war. Die Spreeinsel war nach dem Bau des Außenministeriums nicht mehr nach Westen hin ausgerichtet, sondern nach Osten.

Diese Orientierung wurde nach 1989 sofort in Frage gestellt. Das Gebäude des Außenministeriums stand der westlichen Aneignung des historischen Zentrums gestalterisch im Wege, es störte die Optik, es versperrte die neuerliche Anbindung des ehemaligen Schloßareals an die Straße Unter den Linden. Vor allem war das Gebäude der westlichen Wahrnehmung fremd, die durch eine Fülle nostalgischer Buchpublikationen wieder auf den Blick vor 1933 eingestimmt wurde, der aber der Blick von Osten, vom Alexanderplatz her, bedeutungslos war. Damit war eine neuerliche Umkehrung der dominanten Wahrnehmung vollzogen, die als solche aber gar nicht erkannt wurde, so selbstverständlich wurde der Blick aus dem Westen wieder ins Recht gesetzt. Und diesen Blick störte das Außenministerium. Julius Posener schrieb im Sommer 1993: »Das zu lange, zu hohe, das im schlimmsten Sinne mittelmäßige Gebäude des DDR-Außenministeriums stört diese Raumfolge empfindlich: es muß weg.« (Tsp., 9. Juli 1993)

Der Abbruch des Außenministeriums hatte vielfältige Beweggründe, nicht nur den gestalterischen Unmut einer westlichen Wahrnehmung. Aus der Sicht des Eigentümers, des Bundes, war das Gebäude, das ja auch ein Dokument der umstrittenen staatlichen Souveränität der untergegangenen DDR war, nicht sinnvoll für eigene Zwecke nutzbar. Das war sicher ein schwaches Argument, ein Argument, das etwa auch für das Staatsratsgebäude bemüht worden war, ja selbst für die alte Reichsbank und das Reichsluftfahrtministerium – und zwar ohne Erfolg. Die Beweggründe des Staates waren in den letzten Jahren offenbar nie so gewichtig, daß sie sich gerade im Kern des historischen Zentrums gegen fachlichen Widerstand durchsetzen ließen. Der erfolgreiche Abbruch des DDR-Außenministeriums ist vielmehr ein Ergebnis des weitreichenden, stillschweigenden Einverständnisses, für diesen Akt Ressourcen zu mobilisieren, nicht etwa nur, um ein Symbol der DDR-Regierung aus dem Blick zu schaffen, nicht nur, um die Spreeinsel wieder nach Westen hin optisch anzuschließen, sondern auch und vor allem, um Platz zu schaffen für die Wiederauferstehung der Schinkelschen Bauakademie.

Warum konnte gerade die Bauakademie eine solche Sehnsucht nach einer Rekonstruktion in besonderem Maße stimulieren? Der »rote Backsteinwürfel« (Rave 1962, S. 38) wird heute in der Fachwelt nahezu ohne Widerspruch immer mehr als Kultobjekt gehandelt, als Verkörperung idealer Baukunst, als geniales Produkt eines Genies. Er gilt als »folgenreichstes Werk Schinkels« (Geist 1993, S. 48), als sein »ernstestes Werk«, als »Gebäude, das von allen Werken Schinkels am deutlichsten in die Zukunft weist« (Büchel 1994, S. 115 und 116), als »eines der vornehmsten und modernsten Gebäude der ersten Hälfte des vorigen Jahrhunderts« (Kleihues in der FAZ 2. November 1995), als »städtebaulicher Markstein Berlins« (Peter Jochen Winters in der FAZ 4. November 1995), als »Initial industriellen Bauens« (Ulrich Conrads in der FR 11. November 1995), ja gar als »revolutionäres Bauwerk« (Christian Thomas in der FR 18. November 1995).

Die Bauakademie war und ist offenbar in der Lage, verschiedene Architekturströmungen zu begeistern: Für die Anhänger der baulichen

Die »klassische« Darstellung der im Wasser gespiegelten und so zum Kubus verdoppelten (Geist 1993, S. 53) Bauakademie durch Karl Friedrich Schinkel, 1831

Als Meister der Projektpräsentation in Bild und Wort kommentierte Schinkel sein Werk wie folgt: »... Das neue Gebäude der allgemeinen Bau-Schule ist als auf einem Platze ringsum frei gelegen in quadratischer Grundform mit vier gleichen Facaden und einem inneren Hofe, der den Abfall der Dächer in sich aufnimmt, entworfen. Als ein Gebäude, welches mehrere kostbare und wichtige Sammlungen in sich schließt, ist die Construction möglichst feuerfest angeordnet. Das Gebäude enthält ein gewölbtes Kellergeschoß; ein gewölbtes erstes Geschoß über der Erde, in welchem die Reihe der Kaufläden liegt, durch deren Miethsertrag ein Theil des zum Bau erforderlichen Capitals verzinset und amortisirt wird; ein zweites gewölbtes Geschoß für die Bibliothek und Sammlungen, so wie für Auditoria und Zeichensäle der allgemeinen Bau-Schule; ein drittes Geschoß für die Sitzungen, Registraturen und die übrigen nöthigen Räume der Ober-Bau-Deputation; ein Dachgeschoß für reponirte Acten und andere ökonomische Bestimmungen. Der Bau ist in Backstein ausgeführt, und bleibt in seinem Auessern ohne Uebertünchung und Abputz. ... Die Eingangsportale für die allgemeine Bau-Schule und für die Ober-Bau-Deputation liegen beide neben einander in der Facade, welche dem Platz und der Schloßbrücke zugekehrt ist ...« (Karl Friedrich Schinkel 1973, S. 38) Die 12 Kaufläden, so berichtet Spiker, besaßen zumeist »mehrere Fenster und Eingangsthüren und außerdem noch Ladenstuben, mit besonderen Ausgängen versehen.« (O.J., S. 120)

Moderne war sie ein Prototyp moderner Architektur, für die Anhänger einer konservativen Moderne ein Beispiel, wie der Modernisierungsprozeß ästhetisch kontrolliert werden kann, wie er so gestaltet werden kann, daß nicht alle Bezüge zur Tradition verloren gehen. Schinkel, so Julius Posener um 1980, »wird von beiden Seiten in Anspruch genommen, von der Moderne und ihren Gegnern; und beide können sich auf

Äußerungen, Taten und Werke Schinkels stützen.« (S. 8) Das gilt auch und in besonderem Maße für die Bauakademie.

Friedrich Adler, der Spezialist für mittelalterlichen Backsteinbau, sah in der Bauakademie das Fanal des wiederauferstandenen Backsteinbaus. Schinkel, so Adler 1869, griff »mit Herz und Hand zur alten Weise des märkischen Backsteinbaues zurück, um auch der modernen Architektur in dem echten unverhüllten Materiale wieder einen bleibenden Gehalt zu schaffen. Unwillkürlich erinnert dieser Schritt an das schöne Märchen vom Dornröschen und dem Königssohne, der mit einem kühnen Kusse die alte traumhaft erstarrte Welt wieder lebendig macht. Denn in der That hat der nordische Backsteinbau dreihundert Jahre lang geschlummert, von Gras und Unkraut, Dornen und Haideblumen überwuchert. Schinkel, der treue Sohn der Mark, hat den bleischweren Zauberbann gebrochen und für das bildsame Material eine neue Entwicklung in Deutschland begründet.« (Adler 1869, S. 93) Mit der Bauakademie, so Adler weiter, sei der Backsteinbau zu einer Vollendung geführt worden (S. 97). Die Bauakademie »ist und bleibt ein Originalwerk. Sie gehört nicht einseitig der Antike an, ebenso wenig dem Mittelalter als wie der Renaissance. Sie zeigt den engen geschichtlichen Anschluß frei überwunden; sie gleicht einem Samenkorn, das weitere organische Entfaltung verspricht.« (S. 101f.)

Für Fachleute der NS-Zeit war die Bauakademie ein heroisches Beispiel bodenständiger, ja märkischer Bauweise, Schinkel selbst »der Vorläufer neuer deutscher Baugesinnung«. Nicht nur für DDR-Architekten war der rote Backsteinwürfel dagegen ein Vorgänger industrialisierter Bauweise. »Und die Bauakademie, war sie nicht ein Fertigteilbau? War sie nicht überhaupt ein moderner Skelett- und Rasterbau?« (Peschken 1981, S. 235) In der großen Schinkelausstellung 1980/81 der DDR im Alten Museum wurde sie sogar postum rehabilitiert – als Vorläufer der Großblockbauweise. Auch für die jüngste administrative Konstruktion einer »Berlinischen Architektur« wurde der Schinkelbau gerne bemüht.

Doch Vorsicht! Die angesprochenen Wertschätzungen des Bauwerks sagen noch wenig über die Gesamtheit der Wertschätzungen in der Vergangenheit aus. Tatsächlich war die Bewertung der Bauakademie seitens der Fachwelt nicht unumstritten und starken Schwankungen unterworfen. So wurde das Gebäude keineswegs immer als besonders wertvoll eingeschätzt. Schon der mit Schinkel sehr verbundene Kron-

Im Gegensatz zu den kultischen Bildinszenierungen stehen die Fotos mit dokumentarischem Anspruch der Meßbildanstalt, einer Einrichtung, die im späten 19. Jahrhundert im Gebäude Bauakademie beheimatet war. Das Bild aus dem Jahre 1888 zeigt die nach Westen hin wirkende Fassade samt Nebeneingang in ihrer herben Kargheit

prinz, der spätere König Friedrich Wilhelm IV., hat dem Bau keinen besonderen Respekt gezollt. So hat er die Bauakademie noch vor ihrer Fertigstellung in einer 1834 gezeichneten neuen Passage zwischen Schloßplatz und Werderschem Markt sehr ins Abseits gerückt.

Kritisch abwägend und distanziert war das Urteil des Musikkritikers und Schriftstellers Ludwig Rellstab (1854): »Die Bauschule ist dasjenige von Schinkels Werken, welches uns am wenigsten zusagt, obgleich es sich in der Zeichnung eben so imposant als zierlich darstellt. Allein in der Wirklichkeit will uns dieser großartige Würfel, aus rothen Backsteinen ausgeführt, welche nicht übertüncht sind, und, wie man sich auch eines andern überreden möchte, doch nur das Ansehn von rohen Mauern haben, nicht ganz zusagen. ... Können wir nicht die unbedingten Lobredner seiner Schönheit sein, welche sonst fast in allen Schinkelschen Erfindungen den ersten Platz einnimmt, so dürfen wir mit desto vollerer Anerkennung von der Zweckmäßigkeit desselben sprechen. Gleich in der Wahl des Platzes zeigte sich wieder das Genie Schinkels, Räume zu disponiren; denn wie beim Museum tilgte er häßliche widerwärtige Räumlichkeiten und Bauten aus der Stadt, um schöne herzustellen. Er hätte Berlin durch diesen Bau wesentlich verschönert, selbst wenn das Gebäude gar nicht ausgeführt worden wäre, nur durch dasjenige, was er fortschaffte. ... So steht denn der Bau jedenfalls als ein würdiger, zugleich merkwürdiger, da, wenn wir ihm auch seine Stelle nicht unter den schönsten der Hauptstadt anweisen können.« (Rellstab 1993, S. 141ff.)

Friedrich Adler wiederum sah einen Widerspruch zwischen Innerem und Äußerem, zwischen den Merkmalen eines »Bedürfnisbaus« im Inneren und einer »vollendeten äußeren Erscheinung« (1869, S. 97). Hermann Ziller lobte in seiner Schinkelmonographie von 1897 zwar die richtungsweisende Architektur, bedauerte aber zugleich die unglückliche Wahl des Standortes der Bauakademie: »... denn merkwürdigerweise trifft die Achse des Eosanderschen Hauptportales, über dem sich die Schloßkuppel erhebt, in ihrer Verlängerung bis zum Werderschen Markt, gerade auf diesen Punkt. Wenn Schinkel geahnt, daß die Gebäude an der Schloßfreiheit einst fallen würden, dann hätte er sicher seiner Bauakademie eine andere Stelle angewiesen und hier ein Städtebild ersten Ranges komponiert, wozu das prächtige Schloß an dem breiten Wasserspiegel so verlockend aufforderte.« (S. 76) Die »durchaus eigentümliche« Bauakademie war Ziller neben dem Schlosse offenbar nicht prächtig genug, sie schuf – das sagte er zwischen den Zeilen – nur ein Städtebild zweiten Ranges.

Ebenfalls im Jahre 1897 erschien in der Deutschen Bauzeitung ein Artikel, der vom Wunsche nach einem Abbruch der Bauakademie berichtet, ein Wunsch, der mit dem Bau des bombastischen Nationaldenkmals offenbar immer dringlicher wurde. Es heißt dort: »Schon vor Fertigstellung des Denkmals Wilhelm's des Großen wurden Stimmen laut, welche die einfache Beseitigung des ›hässlichen rothen Kastens‹ als Erfordernis des guten Geschmacks hinstellten. Zur Vertheidigung

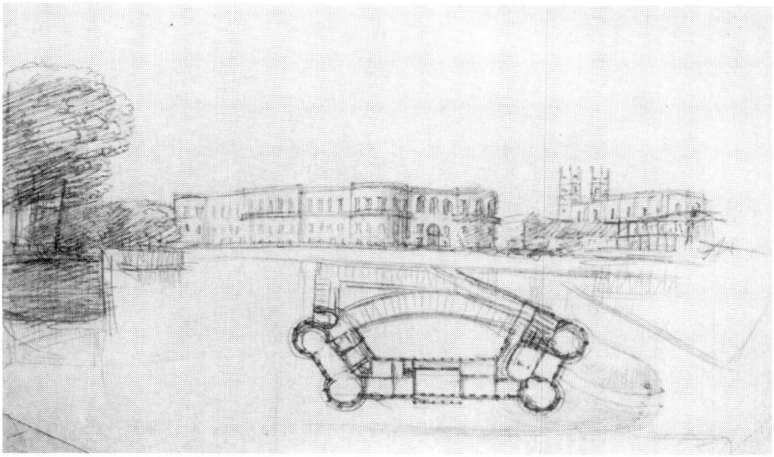

Karl Friedrich Schinkel hat vor seiner Entwurfstätigkeit für das Gebäude der Bauakademie am Standort des Alten Packhofes zunächst andere Gebäude und Nutzungen zeichnerisch durchgespielt, so ein langgestrecktes Marstallgebäude (1827, oben) und einen Schloßbau in Form eines normannischen Kastells für Prinz Wilhelm (1828, unten)

des ... Bauwerkes erheben sich nur wenige Stimmen.« Im Artikel wird angesichts dieser Verhältnisse ein Kompromißvorschlag ausgebreitet: »Man setze das Gebäude auf Rollen und verschiebe es parallel mit sich selbst ... um etwa 61 m ... Damit würde Beiden geholfen sein: Das Denkmal würde durch Fernrücken der gewaltigen schlichten Baumasse nicht

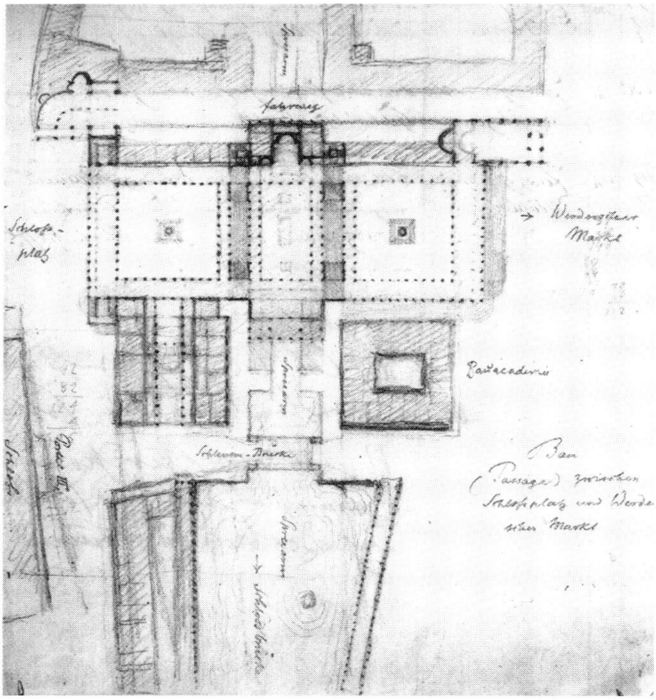

Passage zwischen Schloßplatz und Werderschem Markt, Kronprinz Friedrich Wilhelm IV., späterer König, 1834

Als die Bauakademie gerade errichtet wurde, zeichnete der mit Schinkel »befreundete« Kronprinz diese »Passage«, die dem Schloßplatz einen westlichen Abschluß gegeben, den Spreekanal selbst ignoriert und die Bauakademie in den Schatten gestellt hätte.

mehr beengt sein und die Pietät gegen ein achtbares Stück Berliner Baugeschichte käme auch zu ihrem Recht.« Eine solche Lösung erlaube nicht nur einen besseren, distanzierten Blick auf das neue Nationaldenkmal samt Schloß, sondern auch den freien Blick vom Werderschen Markt auf »die gewaltige Domkuppel«. (Heft 44, S. 279)

Auch in der Weimarer Republik war das Urteil zwiespältig. Werner Hegemann etwa schrieb in seiner Streitschrift »Das steinerne Berlin« – bei aller Lobpreisung Schinkels: Die Bau-Akademie wirkt »noch 100 Jahre nach ihrem Entstehen fremdartig und gewollt«. (S. 252) Und Martin Kiesling stieß sich 1931 erneut an der Lage gegenüber dem Schloß: Der Bauakademie »fehlt jetzt die Beziehung zum gegenüberliegenden Ufer des Kupfergrabens, zur Schloßfreiheit, die damals mit einer Häuserzeile bebaut war.« Überhaupt erschien ihm die Bauakademie als ein Verstandeswerk, dem »die unmittelbare betörende Wirkung auf die Sinne« fehle. (S. 295)

Doch selbst der Blick in die fachliche Rezeptionsgeschichte ist unzureichend. Zu fragen ist immer auch nach der Wahrnehmung eines Gebäudes durch die stadtbürgerliche Öffentlichkeit. Daß die Bauakademie durch die Berliner Bevölkerung nicht unbedingt geschätzt worden ist, kann vermutet, wenngleich schwer bewiesen werden. Hinweise darauf finden sich sehr viele.

So sprach schon Friedrich Adler 1869 von dem »vielfachen Tadel«, den die reife Schöpfung der Bauakademie hat erdulden müssen. »Der großen Menge behagt auch in der Baukunst am meisten der sinnliche Reiz und die spielende Willkür. Für ruhige Einfalt und stille Größe hat sie oftmals kein Auge. Daher mißfiel so Vielen der knappe Umriß des Ganzen, das Festgelagerte, das Würfelförmige. Andere wünschten mehr Relief; ein Berliner Witzwort nannte es: ›Kasten dieser Stadt Ringsum glatt und platt.‹« (S. 101) 1931 verweist Kiesling auf den geringen Bekanntheitsgrad des Bauwerks: »Es gibt viele gebildete Berliner, die nicht wissen, wo diese Bauakademie liegt.« (S. 294f.)

Der »rote Kasten« war wohl nie sonderlich populär. »Kein Bau Schinkels war moderner, keiner dem Publikumsgeschmack fremder.« (Peschken 1984, S. 51) Die Bauakademie ist daher nicht nur ein Beispiel für das Auseinanderklaffen der Wahrnehmung innerhalb der Fachwelt, sondern auch zwischen Teilen der Fachwelt und den Stadtbürgern. Ein solches Auseinanderklaffen wird selten thematisiert, noch seltener als Problem empfunden. Für solche Wahrnehmungsscheren war die Erklärungsformel der Architekturzunft rasch gefunden: Der Architekt war der Zeit voraus, die Bürger waren zurückgeblieben, die Erziehungsprogramme für die Bürger müssen intensiviert werden.

Ganz in diesem Sinne meinte Richard Lucae, der spätere Architekt des rabiaten Umbaus der Bauakademie, im Jahre 1865: »Populair ist Schinkel nicht gewesen, dazu war er von Charakter zu groß und als Künstler zu reformatorisch.« (S. 56) Und er zitiert Schinkel mit folgenden Worten: »›In einer solchen Zeit kann die Bildung nicht, wie sie soll, vom Publicum ausgehen, sondern Alles muß aufgeboten werden, dasselbe zu erleuchten und ihm fühlbar zu machen, was Formen in der Baukunst zu

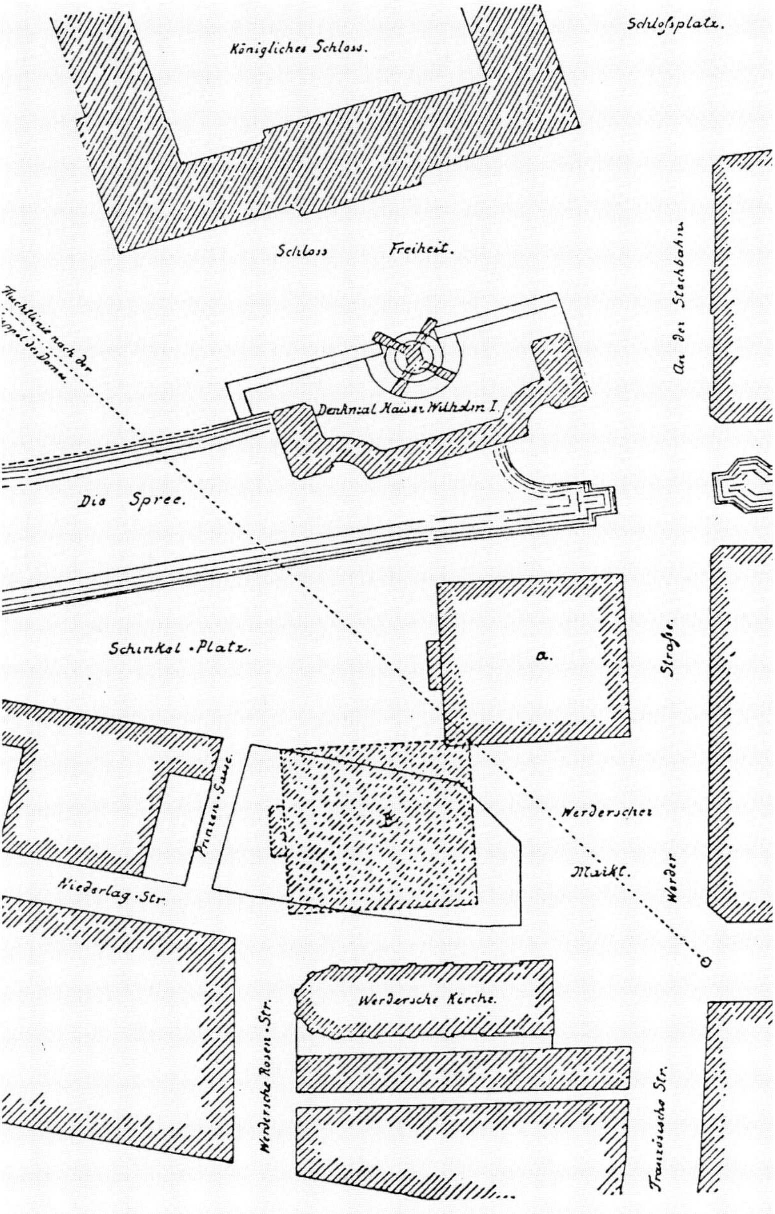

Vorschlag zur Verschiebung der Bauakademie, um dem neuen Nationaldenkmal für Kaiser Wilhelm I. mehr Distanzraum zu geben und zugleich »Pietät« gegenüber einem »achtbaren Stück Berliner Baugeschichte« zu demonstrieren

bedeuten haben.‹« (S. 56) Hier wird der grenzenlose Erziehungsanspruch deutlich, der auch spätere Architektengenerationen erfassen wird.

Solche Wahrnehmungsscheren sind für die fachliche Konstruktion eines kultischen Bauwerks offenbar nicht von Schaden, sondern eher von Nutzen. Wir können diesen Mechanismus bei der Rezeption der Gebäude der baulichen Moderne aus den zwanziger Jahren in der Nachkriegszeit wiederfinden, aber auch bei Nachkriegsprodukten wie etwa dem Märkischen Viertel, das einstmals ein Wallfahrtsort für Architekten aus ganz Europa war.

Was aber ist eine fachliche Konstruktion kultischer Bauwerke? Der Kult von Bauwerken wird vor allem in Fachzeitschriften, Architekturbüchern, Architektenbiographien gepflegt, aber auch jenseits der Fachwelt in Gemälden, Denkmälern und Zeichnungen, Fotografien, Reiseführern. Merkmale des Kultischen sind die penetrante, massenhafte Präsentation eines Werkes, seine Enträumlichung und Entzeitlichung, seine Isolierung als Kunstwerk per se, seine Erhebung über die Sphären der realen Welt, also die nicht mehr notwendige Begründung seines Status als »Meisterwerk«, die huldigende Sprache und Präsentationsweise nach dem Muster von Hagiographien, die entsprechende Entrückung des »Meisters« in den Olymp, also die Entfaltung eines Personenkults, die Mißachtung und Diskriminierung derjenigen, die dem Kulte nicht in gleicher Weise frönen wollen. Ein kultisches Bauwerk bündelt dominante kulturelle Sichtweisen einer Zeit, es setzt diese voraus und geht mit diesen auf und unter. Das zeigt nicht nur die »Schinkelsche Bauakademie«.

BAUAKADEMIE – INSTITUTION UND GEBÄUDE

Das Konstrukt eines kultischen Bauwerks hat allerdings noch weitere Voraussetzungen: insbesondere die weitgehende Loslösung des Bauwerks von seiner Nutzung in der Wahrnehmung. Hier mag der Einwand kommen: Gerade die Bauakademie bezeuge doch schon qua Namen die Verschmelzung von Bauwerk und Nutzung. Das scheint auf den ersten Blick plausibel. Aber nur auf den ersten Blick. Zum einen ist das Gebäude zur Zeit Schinkels keineswegs nur als Sitz der Bauakademie genutzt worden. Zum anderen gab es die Bauakademie bereits vor dem Gebäude gleichen Namens. Die Institution Bauakademie und das Gebäude Bauakademie haben gemeinsame Schnittmengen, sind aber keineswegs kongruent.

Die Bauakademie wurde durch eine Kabinettsorder Friedrich Wilhelms III. im Jahre 1799 als »Allgemeine Bau-Unterrichtsanstalt für alle Königlichen Staaten« gegründet, um »dem Mangel an tüchtigen Feldmessern, Baubedienteten und Bauhandwerkern, worüber in allen Provinzen bisher nicht ohne Grund geklagt wurde, abzuhelfen« (zit. nach Teut-Nedeljkow 1979, S. 58). Ausgebildet wurden dementsprechend künftige Baubedienstete des preußischen Staates, »tüchtige Feldmesser und Provinzialbaumeister« (Nicolai 1833, S. 138), keine privaten Architekten. Ziel der Ausbildung sollte insbesondere ein sparsamer Umgang mit staatlichen Ressourcen sein.

Die neue Institution Bauakademie wurde in relativ kurzer Zeit vorbereitet und durchgesetzt. »Bestrebungen im (1770 gegründeten) Oberbaudepartement, ›die verschiedenen Teile der Baukunst in wissenschaftlicher und praktischer Hinsicht möglichst zu vereinigen‹, auch in der Akademie der Künste, treibend war außerdem der Minister v. Heinitz, führten 1798 zur Bildung einer die Gründung vorbereitenden Kommission, in der die Mitglieder der Akademie der Künste, des Oberhofbauamtes und des Oberbaudepartementes vertreten sind: Becherer, Boumann, Eytelwein, Genelli, Gentz, David Gilly, Hirt, Langhans, Riedel, Schadow.« (Karl Friedrich Schinkel 1980, S. 6) Ein konzeptioneller Entwurf wurde durch Eytelwein, Riedel und Schadow bis zum 14. Februar 1799 erarbeitet und bereits am 13. April 1799 durch König Friedrich Wilhelm III. genehmigt. Auf den 6. Juli 1799 ist das »Publicandum wegen vorläufiger Einrichtung der von Sr. Kgl. Majestät unter dem Namen einer Königl. Bau-Akademie zu Berlin gestifteten allgemeinen Bau-Unterrichts-Anstalt« datiert. Das Direktorium setzte sich aus den Herren Becherer, Eytelwein, Riedel d.Ä. und David Gilly zusammen. »Die Anstalt ist der Akademie der Künste und dem Oberbaudepartement unterstellt.« (Ebd.)

Widersprüchlich war das Verhältnis der Bauakademie zur viel älteren Akademie der Künste. »Die Kunst«, so Max Lang, »war in Preußen eher

Ort der Eröffnung und des Unterrichtsbeginns der Bauakademie: das Gebäude der Akademie der Künste an der Straße Unter den Linden, hier in einem Kupferstich um 1750 von Johann Friedrich Schleuen dargestellt

Der Stich entstand kurz nach dem Wiederaufbau des Akademiegebäudes durch Johann Boumann den Älteren im Jahre 1749. 1815 wurde das Gebäude grundlegend umgebaut. (Akademie der Künste 1996, S. 78) Heute befindet sich an diesem Standort die Staatsbibliothek. Im Rahmen der 300-Jahrfeier der Akademie der Künste im Sommer 1996 war der vorübergehende und widersprüchliche Bezug der 1696 gegründeten Kunstinstitution zur Bauakademie kein Thema

zu Hause als die Technik, denn schon 1699 (eigentlich 1696, der Verf.) gründete der Kurfürst Friedrich III. die Kunstakademie, die neben den freien Künsten auch die angewandte, die Baukunst, pflegen sollte.« Allerdings war die Akademie in Preußen nicht immer besonders gut beheimatet: Insbesondere die Regierungszeiten Friedrich Wilhelms I. und Friedrichs II. bedeuteten für sie Jahre der Stagnation (von Specht/Baumunk 1996, S. 15). Erst 1786, in den letzten Monaten der Regierung Friedrich II., wurde die Einrichtung durch ihren Kurator, den aktiven Staatsminister von Heinitz, »in ein umfassendes Reformprogramm eingebunden, das sie zum Experimentierfeld einer modernen, an England orientierten Gewerbe- und Industrieförderung machte. Gleichzeitig wurde sie zu einem wesentlichen Instrument der Aufklärung ...« (Ebd., S. 16).

Die neugegründete Bauakademie pendelte zwischen Abhängigkeit und Autonomie von der Kunstakademie. »Die bewußte Betonung des technischen Elements führte schließlich dahin, daß die Bauakademie wieder von der Kunstakademie losgelöst und als ›Allgemeine Bauschule‹ in das neue Heim überführt wurde, das Schinkel ihr am Werderschen Markt errrichtet hatte.« (Lang 1931, S. 68f.) Das wechselnde Verhältnis der Bauakademie zur Kunstakademie verdeutlicht zugleich die Suche nach einem neuen Architekturverständnis.

Nachdem das erste deutschsprachige Polytechnikum am 21. April 1799 in den Räumen der Kunstakademie Unter den Linden, dort, wo sich heute die Staatsbibliothek befindet, eröffnet und der Unterricht am 1. Oktober 1799 aufgenommen worden war, siedelte die Bauakademie im Oktober 1800 in das Obergeschoß der Königlichen Münze von Heinrich Gentz über, eines bemerkenswerten Baus am Werderschen Markt. Hier konnte es sich auf kaum mehr als 300 Quadratmeter ausbreiten. Auch diese erste »Bauschule« – zur Zeit Schinkels als »bedeutendes, architektonisches Kunststück« »in einem für die damalige Zeit unbekannten, großartigen Stile« (Spiker o.J., S. 34) gefeiert – hat unterschiedlichste Interpretationen erfahren. Im Jahre 1886 wurde die Münze abgebrochen. Seitdem geriet der Bau weitgehend in Vergessenheit, und im Rahmen der umfassenden Bestrebungen nach 1989 zum Wiederaufbau des historischen Berlin blieb dieses Gebäude unberücksichtigt. Oder zumindest fast unberücksichtigt. Im Spreeinselwettbewerb schlug ein Preisträger nicht nur den Wiederaufbau der Bauakademie vor, sondern auch den Wiederaufbau der Münze von Gentz: nämlich Oswald Mathias Ungers, der 4. Preisträger.

Doch zurück zur Bauakademie. Den ersten Lehrplan bestritten nicht nur bekannte Architekten wie etwa der Geheime Oberbaurat Eytelwein, der Hofbauinspektor Gentz (zuständig für Stadtbaukunst), der Geheime Oberbaurat David Gilly, der Oberhofbauinspektor Friedrich Gilly, sondern auch Professor Grüson, ein Mathematiker. Für die Kritische Geschichte der Baukunst war Hofrat Hirth zuständig. Die Schüler mußten »eine ›Matrikul‹ mit zehn Talern erwerben und für jedes Kolleg ein festgesetztes Honorar entrichten. Dies mag für die Eltern eine ziemliche Belastung gewesen sein, zumal es sich um verhältnismäßig junge Studenten handelte. Die Eleven konnten 15 Jahre alt sein, für das Fach Freies Handzeichnen genügte sogar ein Eintrittsalter von 12 Jahren! Erforderlich war zur Aufnahme eine leserliche Handschrift, Aufsatzschreiben, Grundlagen in lateinischer und französischer Sprache und herkömmliches Rechnen, welches im gemeinen Leben vorkommt.« (Wefeld 1988,

Erster richtiger Sitz der Bauakademie seit 1800: die Münze am Werderschen Markt, entworfen von Heinrich Gentz, errichtet 1798-1800, abgebrochen 1886
Der Fries wurde von Friedrich Gilly entworfen und von Gottfried Schadow ausgeführt. Das bedeutende, die Einflüsse der französischen Revolutionsarchitektur zeigende Zeugnis Berliner Baukunst beherbergte im Obergeschoß die Bauakademie. Der Fries verbildlichte »die dreifache Funktion des Gebäudes – Münze, Mineralienkabinett und Bauakademie – in mythologischen Umschreibungen: Fund der Metalle und erste Bearbeitung, das wissenschaftliche Ordnen, Schmelzen und Schmieden, Strecken der Zaine, Prägen und Wägen, der Wohlstand fördert die Künste, Landbau und Wasserbau« (Arenhövel 1979, S. 183). Dieser dreifachen Bestimmung entsprach auch die lateinische Inschrift des Gebäudes: FRIDERICUS GUILIELMUS III. REX REI MONETARIAE MINERALOGICAE ARCHITECTONICAE MDCCC. Das Münzgebäude erfuhr seit seiner Errichtung eine sehr unterschiedliche Wertschätzung und ist heute weitgehend vergessen, insbesondere als erster und architektonisch eindrucksvoller Sitz der Bauakademie.

S. 66) Zu den »Eleven« des ersten Jahres gehörte auch der 18jährige Schinkel, der dort wohl 1802 sein Examen als Baukondukteur ablegte. Die Schule »hatte einen durchaus schulmäßigen Charakter mit Lernzwang und wöchentlicher Revision aller Kollegien durch die Räte der Deputation. Alle vier Wochen mußten Berichte über Fleiß und Fähigkeiten der Schüler erstattet werden. Die Zahl der Schüler betrug in den drei Sommersemestern von 1801 an zuerst 59, dann 57 und schließlich

Zweiter, unbefriedigender Sitz der Bauakademie seit 1806: das Gebäude Zimmerstraße 25, Zustand um 1875

50, dagegen in den drei ersten Wintersemestern zuerst 124, dann 120 und schließlich 127.« (Die Technische Hochschule zu Berlin 1925, S. 39f.) Nach dem Auszug aus der Münze im Jahre 1806 mußte sich die Bauakademie mit einem »Geschäfts-Local« in der Zimmerstraße 25, Ecke Charlottenstraße, am damaligen Stadtrand begnügen. Dieser unbefriedigende Zustand wurde erst mit dem Einzug in das Bauwerk Bauakademie am 1. April 1836 beendet.

»Während die Schülerzahl im Winterhalbjahr 1823/24 nur 56 und im folgenden Sommerhalbjahr nur 37 betragen hatte, stieg sie nun bedeutend: Im Winter 1824/25 besuchten 113 und im nächsten Sommer 85 Schüler die Anstalt. Die Zahl stieg bis auf 160 im Winter 1826/27, um dann wieder allmählich abzunehmen.« (Die Technische Hochschule zu Berlin, S. 40) Die Schülerzahl schwankte also ganz außerordentlich. Daß der Zustand der Institution Bauakademie kurz vor ihrem Umzug wohl nicht der allerbeste war, zeigt auch ein Artikel des Schriftstellers und Gesellschaftskritikers Karl Gutzkow aus dem Jahre 1832: »Der Bau der ... Akademie hat noch nicht begonnen ... Diese einst so blühende An-

Nordfassade des Gebäudes »Bauakademie«, seit 1836 Sitz der Bauakademie, mit den Eingängen zur Institution »Bauakademie« (linkes Portal) und zur Oberbaudeputation (rechtes Portal). Umrißstich nach Zeichnung von Schinkel, publiziert 1836

Im Hintergrund links sind die Gebäude der Schloßfreiheit und die Westfassade des Schlosses zu erkennen. An den »ehernen Türen der Bauschule« waren die »Bildnisköpfe der berühmtesten Baumeister aller Zeiten« verewigt: »Iktinos und Vitruv, Nicolò Pisano und Arnolfo di Cambio, Brunelleschi und Alberti, Benedetto da Majano, Bramante und Lionardo, Peruzzi und Raffael, Michelangelo und Palladio, Erwin von Steinbach, Dürer und Schlüter – das ist die seltsame Reihe.« (Rave o.J., S. 50) Die Präsentation dieser Meister der Baukunst zeigt nicht nur den Bildungsimpetus der Schinkelzeit, sondern auch ein zentrales Muster der Selbstinszenierung und des Selbstverständnisses der Disziplin Architektur: die kultische Ernennung von Großmeistern der Zunft. Während Schinkel bei diesem Idealisierungsakt noch die europäische Ebene bevorzugte, beschränkten sich die Erfinder einer »Berlinischen Architektur« auf eine Perlenkette von Meistern, die sich auf märkischem Sand tummelten.

stalt ist gegenwärtig durch die Eröffnung neuer Provinzialbauschulen und die Gewerbeakademie ... in die tiefste Zerrüttung gesunken, so daß die Zahl der an ihr angestellten Lehrer der der Schüler gleichkommen mag.« (Gutzkow 1995, S. 12) Nach dem Einzug in das Gebäude Bauakademie ging es allerdings wieder aufwärts: »Die Schülerzahl hatte im Winter 1835/36 ihr Minimum 26 erreicht, danach fand ein allmähliches Wachsen statt, 1849 betrug sie wieder 202.« (Die Technische Hochschule zu Berlin 1925, S. 40f.)

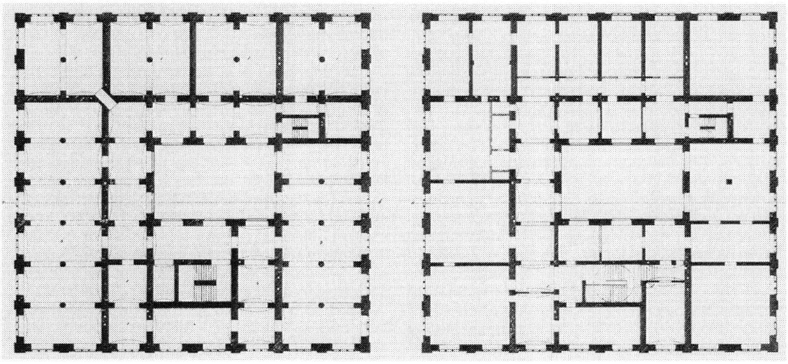

Abbildung oben: Grundrisse der Bauakademie: links das erste und rechts das zweite Obergeschoß, Emil Flaminius, publiziert 1836 in der Allgemeinen Bauzeitung

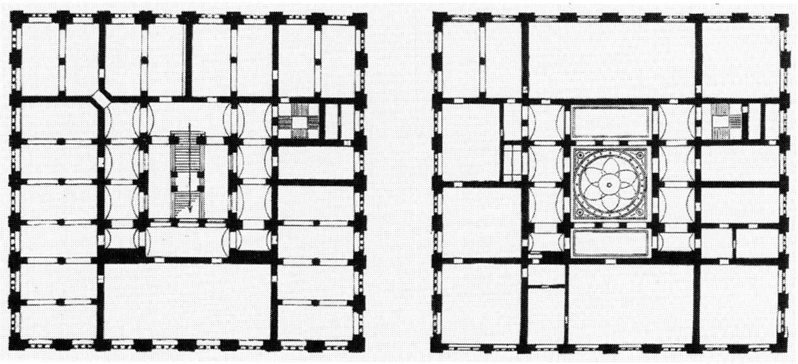

Abbildung unten: Grundrisse zum Umbau der Bauakademie: links das erste und rechts das zweite Obergeschoß, Richard Lucae, 1874/75. Um Platz zu gewinnen, wurde die Bauakademie durch deren damaligen Direktor im Inneren radikal umgebaut. Der asymmetrisch angeordnete Hof wurde verkleinert, zum »prächtigen« Treppenhaus umfunktioniert und verglast

In den Neubau der Bauakademie am Werderschen Markt zog aber von vorneherein noch eine zweite gewichtige Institution: die Königliche Oberbaudeputation. Diese oberste Baubehörde Preußens darf nicht einfach als Instrument des Königs betrachtet werden. Die Behörde war die Nachfolgeinstitution des 1770 gegründeten Oberbaudepartements, dem die »zentrale Oberaufsicht über das gesamte preußische Bauwesen, das heißt die Überwachung, Finanzierung und die Bauerstellung« übertragen war (vgl. Löser 1994, S. 30). Die Baudurchführung wurde der Oberbaudeputation allerdings 1810 wieder entzogen. Sie war nun »beratender Teil eines Ministeriums« (Löser 1994, S. 40) und damit von dem jeweiligen Minister abhängig. Vorrangig war sie seitdem für die Kontrolle der staatlichen Bautätigkeit in Preußen zuständig. Sie hatte auch für eine »wissenschaftliche Bearbeitung« des Bauwesens zu sorgen, was die Sicherung einer Ausbildung der künftigen staatlichen Baubediensteten umfaßte.

Folgerichtig wurde die Bauakademie von Mitgliedern des Oberbaudepartements und des Hofbauamtes gegründet. Mitglieder des Oberbaudepartements bzw. der Oberbaudeputation waren als Lehrer bzw. Prüfer an der allgemeinen Bauschule tätig. »Die Bauakademie war der Pariser École Polytechnique verpflichtet, nicht der École des Beaux Arts, und folgte zugleich den von David Gilly in dessen Stettiner Schule bereits erprobten Prinzipien, die Konstruktion und Material besondere Bedeutung beimaßen.« (Büchel 1994, S. 30)

Bauakademie und Oberbaudepartement bzw. Oberbaudeputation waren räumlich bis 1848 immer zusammengebunden – zuletzt in dem berühmten Neubau am Werderschen Markt, der den Namen Allgemeine Bauschule bzw. Bauakademie trug. Die Gebäudebezeichnung verschweigt diese symbiotische Beziehung. Sie bringt aber zum Ausdruck, welch ungeheure Bedeutung die Akteure der Bildung zumaßen. Der Bildungsanstalt wurde begrifflich und gestalterisch der Vorrang gegeben vor der staatlichen Kontrollinstanz. Bei den Eingängen waren zwar beide gleichgestellt. Doch die Rahmung der Eingänge zeigt wieder die Dominanz des Bildungsanspruchs.

Im Revolutionsjahr 1848 wurde dieser Anspruch allerdings mit Füßen getreten: Die Soldaten besetzten die Bauakademie und verdrängten die Studenten. »Im November 1848 zog General v. Wrangel mit den Truppen wieder in Berlin ein und der Belagerungszustand wurde verkündigt. Die Vorlesungen an der Bauschule hörten nunmehr ganz auf, denn die Hörsäle wurden mit Soldaten belegt.« (Unser Motiv 1897, S. 5) 1852 kam es an der Bauakademie zu studentischen Streiks, »die durch eine zu langsame Reformpolitik der staatlichen Bauverwaltung ausgelöst worden sind« (Wefeld 1988, S. 77).

Die Institution Bauakademie residierte von 1836 bis 1884 im Gebäude Bauakademie. Aber erst nach dem Tode Schinkels im Jahre 1841

Scherzhafte Darstellung der aus allen Nähten platzenden Bauakademie, dessen Erweitungsbau jenseits des Spreekanals auf dem Luftwege zu erreichen ist. Aus dem Bilderbuch des Vereins »Motiv« zum Weihnachtsfest 1874

Die Bauakademie hat zahlreiche Blüten hervorgebracht, darunter auch den akademischen Gesangs- und Zechverein »Motiv«, der 1847 von Schülern der Bauakademie gegründet wurde. Die Festschrift »Unser Motiv« zum fünfzigjährigen Bestehen des Vereins gibt einen gewissen Einblick in das studentische Leben an der Bauakademie seit 1847. Nach 1849 entstand im übrigen noch ein zweiter Bund, das »Künstlerkorps«, dem aber auch Schüler der Gewerbeakademie angehörten (Wefeld 1988, S. 75). Zu den Schülern der Bauakademie zählten so prominente Architekten wie der Stadtbaurat Ludwig Hoffmann und Gustav Lilienthal, der Bruder von Otto Lilienthal.

wurde der Bau mehr und mehr von der räumlich expandierenden Bauakademie in Anspruch genommen. Nach 1848 nahm die Zahl der Studierenden beträchtlich zu. Im Winter 1859/60 betrug sie bereits 547. Dazu kamen »21 ordentliche und mehrere Hülfslehrer« (Springer 1861, S. 258). Doch gerade dieser Prozeß der räumlichen Expansion stellte ein Grundproblem der solitären Architektur unerbittlich bloß: Der Kubus ist nicht erweiterbar, allenfalls auf Kosten des Innenhofes, theoretisch natürlich noch in die Tiefe und Höhe. Anders als Gebäude am Rande parzellierter Baublöcke kann ein Solitär nicht wachsen. Das Korsett des Gebäudes wurde immer drückender. Im Winter 1871/72 war die Zahl der Studierenden auf 783 angewachsen. »Im Jahre 1873 wur-

Ansicht der Bauakademie (rechts) mit Erweiterungsbau (Bildmitte), Schinkeldenkmal (im Vordergrund links) und Schloßkuppel (im Hintergrund links) von Nordwesten, Aquarell von Ferdinand Luthmer, einem Mitarbeiter von Richard Lucae, 1874. Die Darstellung feiert den Neubau auf Kosten des Altbaus, der als etwas plumper Kasten erscheint

de die Verbindung der Bauakademie mit der Technischen Ober-Baudeputation als ihrem Kuratorium gelöst; ... zum ersten Male wurde ein Lehrer der Anstalt, Baumeister und späterer Geheimer Regierungsrat Lucae, ihr Direktor.« (Die Technische Hochschule zu Berlin 1925, S. 43) 1874/75 wurde die Bauakademie in ihrem Innern nach Plänen von Johannes Theodor Volcmar Richard Lucae durchgreifend umgestaltet, um etwas mehr Platz zu gewinnen. Dieser kostspielige Umbau wurde oft kritisiert, von Jan Fiebelkorn etwa als »völliger Mißgriff« bezeichnet (1981, S. 116). Lucae plante auch ein Erweiterungsgebäude der Bauakademie jenseits des Spreekanals, ein Vorhaben, das bislang nur wenig Beachtung fand.

Wenige Jahre später erwies sich der Umbau der Jahre 1874/75 als überflüssig. Die Institution Bauakademie ging in der am 1. April 1879 gegründeten Technischen Hochschule zu Berlin auf, deren Planung bereits 1876 begann und deren neues Hauptgebäude nach Plänen von

Lucae, Hitzig und Raschdorff aber erst am 2. November 1884 seiner Bestimmung übergeben wurde. Im Jahre 1884 verließ die Institution Bauakademie das Gebäude gleichen Namens.

Damit war die Existenz einer eigenständigen Institution Bauakademie beendet. »Achtzig Jahre einer wechselvollen Geschichte«, so das kritische Resumee von Hans Joachim Wefeld, »waren der ehrwürdigen Bauakademie beschieden. Die rund dreißig Jahre nach der Gründung sind infolge der direkten und indirekten Abhängigkeit von der Kunstakademie mit Friktionen und organisatorischen Mängeln behaftet gewesen. Erst unter Beuth zeichnete sich eine straffe und konsequente Ausrichtung ab, deren Ziele indessen für eine längerfristige Bildungspolitik nicht tragfähig genug waren. Reformerische Intentionen nach 1848 konnten nur schrittweise in Gang kommen. Es darf vermutet werden, daß der häufige Führungswechsel, betrachtet man die recht kurzen Amtsperioden der Einzeldirektoren und der Gremien, zwar einer Verkrustung entgegenwirkte, andererseits einer nützlichen Kontinuität gerade in Aufbau- oder Reformphasen auch hinderlich gewesen sein mag. Das letzte Dezennium wurde durch die innenpolitischen Veränderungen Preußens und im Zusammenhang mit dem Hochschultrend geprägt.« (1988, S. 75)

Die Technische Hochschule war also eine Folgeinstitution der Bauakademie, was auch die Veranstaltung einer 100-Jahr-Feier im Jahre 1899 eindrucksvoll zum Ausdruck brachte. Bezuggenommen wurde auf das Jahr 1799, also auf die Gründung der Bauakademie. Die Bauakademie war, so die Worte anläßlich der 100-Jahrfeier der Technischen Hochschule im Jahre 1899, »das Samenkorn gewesen, aus welchem festgewurzelt und von stetig neuer Triebkraft erfüllt durch Zuwachs jüngerer Zweige der Riesenbaum der jetzigen Hochschule mit seinen stolzen Wipfeln sich entfaltet hat.« (Die Hundertjahrfeier 1900, S. 111) Die Jahrhundertfeier brachte der Technischen Universität auch einen beachtlichen Statuszuwachs. »Am 18. Oktober 1899, dem Tage der Jahrhundertfeier der Bauakademie, erhielten durch Wilhelm II. die Technischen Hochschulen das Recht zuerkannt, auf Grund einer Diplomprüfung den Grad eines Diplom-Ingenieurs zu verleihen und nach einer weiteren Prüfung Diplom-Ingenieure zu Doktor-Ingenieuren zu promovieren. Zugleich wurde dem Rektor der Berliner Technischen Hochschule die Würde ›Magnifizenz‹ zuerkannt. Durch die Di-

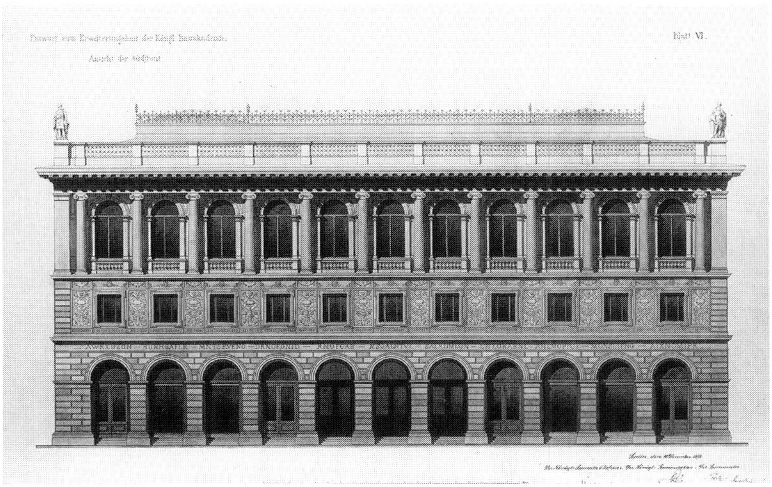

Entwurf zum Erweiterungsbau der Königl. Bauakademie: Ansicht der Südfront, Richard Lucae, Variante von 1875

plom-Prüfungsordnung von 1899 und 1901/02 wurde die einheitliche Bezeichnung ›Dipl.-Ing.‹ für die bisherigen Diplom-Bauingenieure, Maschineningenieure, Schiffbauingenieure, Schiffsmaschinenbauingenieure, (Technische) Chemiker und Hütteningenieure eingeführt.« (Strunz 1970, S. 27f.) Damit war die Gleichstellung der Technischen Hochschulen mit den Universitäten »amtlich erklärt und ihre Bedeutung als technische Bildungsstätten ersten Ranges anerkannt.« (Lang 1931, S. 70)

Die sich an der Gründung der Bauakademie orientierende Sichtweise der Tradition der Technischen Hochschule war auch in der Weimarer Republik unumstritten. Das zeigt sich zuallererst bei der 125-Jahrfeier der Technischen Hochschule im Jahre 1924, die sich wiederum auf das Jahr 1799 bezog. Aber auch noch zu Beginn der dreißiger Jahre schrieb der Regierungs- und Baurat Max Lang in seinem Grundlagenwerk »Die Universität Berlin«: »Die Technische Hochschule Charlottenburg blickt in gewissem Sinne heute auf ein Lebensalter von 130 Jahren zurück; sie ist also noch etwas älter als ihre Schwester, die Friedrich-Wilhelms-Universität. Denn die eine der beiden Wurzeln, aus denen die Technische Hochschule gewachsen ist, die nachmalige Bauakademie, reicht

Kultische Präsentation der Technischen Hochschule zu Berlin anläßlich der Hundertjahrfeier 1899, die sich auf die Gründung der Bauakademie im Jahre 1799 bezog

Mit der Eröffnung des Neubau des Hauptgebäudes der Technischen Hochschule am 2. November 1884 (Entwurf: Richard Lucae, Friedrich Hitzig und Julius Raschdorff) auf Charlottenburger Boden und dem folgenden Einzug der Institution Bauakademie in diesen Neubau waren die Erweiterungspläne der Bauakademie am Spreekanal hinfällig geworden. Die Technische Hochschule umfaßte zunächst fünf Abteilungen: 1. Allgemeine Wissenschaften, 2. Architektur, 3. Bauingenieurwesen, 4. Maschineningenieurwesen, 5. Chemie und Hüttenkunde. Mit Wirkung vom 1. Juli 1922 wurde die Technische Hochschule in vier Fakultäten unterteilt; die Fakultät für Bauwesen bestand seitdem aus der Abteilung für Architektur und der Abteilung für Bau-Ingenieurwesen.

mit ihren Anfängen bis um 1800 zurück, die andre, die spätere Gewerbeakademie, bis etwa 1820. In symmetrischer Anordnung umrahmen diese beiden Daten das Jahr 1810, das Gründungsjahr der Universität.« (1931, S. 68) Damit wurde der Bauakademie sogar der Rang als erster Nucleus der Berliner Universitätslandschaft überhaupt zuerkannt. Dieser Traditionsbezug zur Bauakademie verblaßte später, was sich wiederum in der neuerlichen 100-Jahr-Feier der TU Berlin im Jahre 1979 und erst recht bei der 50-Jahrfeier der TU Berlin im Jahre 1996 äußerte.

Im Zuge der Translokation der Institution Bauakademie in die neugegründete Technische Hochschule wurde auch das nach dem Tode Schinkels eingerichtete Schinkelmuseum mitgenommen. Das Gebäude Bauakademie verwaiste – seit dem 1. November 1884. Jetzt begann das Karussell unterschiedlicher Nutzungen des Gebäudes – etwa durch die damals neubegründete Meßbildanstalt und (seit 1911) durch die Bildnissammlung der National-Galerie, später durch das Meteorologische Institut der Friedrich-Wilhelms-Universität, das das aus verschiedenen Regionen Deutschlands eingehende metereologische »Beobachtungsmaterial« bearbeitete und veröffentlichte. Erst 1920 gab das Gebäude wieder einer neuen, stabilen, programmatischen Einrichtung Raum: der Deutschen Hochschule für Politik.

DEUTSCHE HOCHSCHULE FÜR POLITIK

Die weitgehend staatsunabhängige, als Verein organisierte Hochschule vornehmlich pro-republikanischer Richtung gehörte zu den herausragenden Einrichtungen der Berliner Wissenschaftslandschaft, wenngleich sie heute weitgehend vergessen ist. Die im Oktober 1920 gegründete, auf den Erfahrungen der früheren »Staatsbürgerschule« aufbauende Deutsche Hochschule für Politik war eine Einrichtung von internationaler Ausstrahlungskraft und Bedeutung, deren konzeptionelles Profil sich an der national-sozialen Programmatik Friedrich Naumanns orientierte, die wiederum von dem Soziologen Max Weber beeinflußt wurde. Sie gilt als »einziger institutionalisierter Vorläufer bundesdeutscher Politikwissenschaft in der Weimarer Republik« (Göhler 1991, S. 9). Die sich am Vorbild der Pariser Ecole Libre des Sciences Politiques orientierende Hochschule blieb »auf den Rahmen des Weimarer Verfassungskonsenses festgelegt, ja wollte diesen pädagogisch abstützen« (Söllner 1991, S. 45).

Ernst Jäckh, Gründer und erster Präsident der Hochschule, umriß das nicht gerade bescheidene Aufgabenfeld der neuen Institution mit folgenden schillernden Worten: »Unsere Aufgabe muß es sein, Kristallisationspunkt zu werden für den geistigen und seelischen Wiederaufbau Deutschlands – eines neuen Deutschlands und dadurch auch eines neuen Europas in einem neuen Geist, damit die Toten dieses Krieges nicht umsonst geopfert worden sind.« (Jäckh/Suhr 1952, S. 14)

Erster Direktor der Hochschule war Theodor Heuss, Mitarbeiter von Friedrich Naumann und später erster Bundespräsident der Bundesrepublik Deutschland. Im Wintersemester 1922/23 studierten 880 Personen an der Hochschule. Die beiden folgenden Direktoren in der Zeit der Weimarer Republik, Hans Simons und Arnold Wolfers, waren später an leitenden Stellen in politikwissenschaftlichen Institutionen der USA tätig. Ernst Jäckh selbst wurde Professor an der Columbia-University in New York. Im Kuratorium der Hochschule fand sich u.a. Konrad Adenauer. Finanziert wurde die Hochschule vor allem von Sponsoren, so in erster Linie von den US-amerikanischen Stiftungen Carnegies und

Anpassung der »Alten Bauakademie zu Berlin« an die Erfordernisse des Meteorologischen Instituts der Universität, der Bildnissammlung der Nationalgalerie sowie vor allem der Deutschen Hochschule für Politik. Links das erste und rechts das zweite Obergeschoß, Dezember 1932

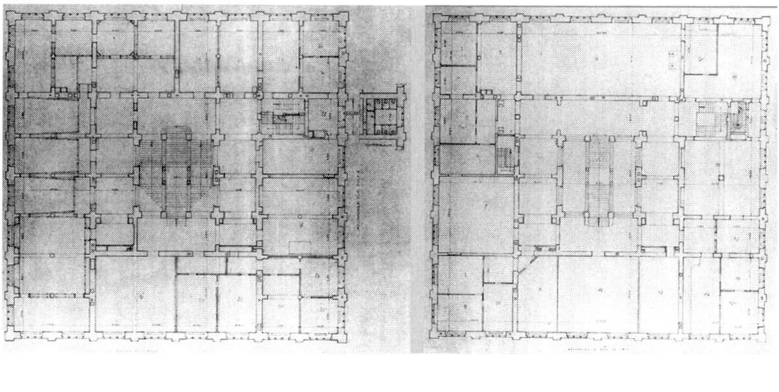

Studentenhaus der Technischen Hochschule am Steinplatz im Bezirk Charlottenburg, 1935/6 nach Plänen von Hubert Lütcke errichtet, 1949 bis 1951 erster Standort der wiedergegründeten Deutschen Hochschule für Politik
Bereits kurz zuvor wurde im Studentenhaus Geschichte geschrieben: Im April 1946 fand dort die Neugründung der TU Berlin statt, seit dem September 1948 tagte in dem Gebäude der aus dem neuen Stadthaus in Ost-Berlin vertriebene nicht-kommunistische Teil der Stadtverordnetenversammlung. Heute prägt der 1965-67 nach Plänen von Werner Düttmann errichtete Neubau der Mensa die Front zum Steinplatz.

Rockefellers und vom deutschen Großindustriellen Robert Bosch. Der internationale Charakter der Hochschule wurde durch die Einrichtung eines »Carnegie-Lehrstuhls« für »Ausländer von Namen« besonders unterstrichen.

Die »überparteiliche« Hochschule, die sich auch an den Anregungen und Ausarbeitungen zum Vertrag von Locarno »aktiv« beteiligte (Lang 1931, S. 74), war natürlich den politischen Auseinandersetzungen in der Weimarer Republik nicht entrückt, im Gegenteil. Sie war Gegenstand erbitterter Polemiken und politischer Vereinnahmungsversuche. Vor allem seit etwa 1930 gewann das konservative bis deutschnationale Spektrum unter den Lehrenden an Gewicht. Hinsichtlich der politischen Orientierung der Studenten muß die Hochschule aber – im Vergleich etwa zur Berliner Universität – als »Eldorado« der Linken betrachtet werden (Lehnert 1991, S. 69). Dem Vorstand und Studienausschuß gehörten Männer, nur Männer, aller Parteirichtungen an, »mit Ausnahme der Kommunisten und Völkischen« (Jäckh/Suhr 1952,

S. 14). Übrigens war Otto Grotewohl, der spätere Ministerpräsident der DDR, Schüler der Hochschule.

Das Gebäude selbst, in dem die Hochschule untergebracht war, blieb den Vertretern dieser Hochschule äußerlich, ohne große Bedeutung. Zwar wurde der Bau zugunsten der Hochschule wiederum umgebaut. Irgendeinen Bezug zur Institution Bauakademie wollten und konnten die neuen Nutzer aber nicht herstellen. Das ist sicher nichts Besonderes, insbesondere für Sozialwissenschaftler, die dem konkreten Raum als Bedingung sozialen Handelns wie wissenschaftlicher Arbeit zumeist wenig Interesse entgegenbringen.

Nach der »Machtergreifung« wurde die Hochschule bald zu einer Parteischule der NSDAP unter der Regie des Reichspropagandaministeriums erniedrigt. Zugleich wurde das Schinkelmuseum wieder in der Bauakademie untergebracht. Der wissenschaftspolitische Bruch des Jahres 1933 war aber keineswegs so »abrupt« wie später oft dargestellt. Entgegen der Legendenbildung hat Ernst Jäckh »1933 vielfältige Versuche unternommen, die Institution in angepaßter Form weiterzuführen, bevor er scheiterte und emigrierte« (Göhler 1991, S. 15; vgl. auch Haiger 1991, S. 95ff.). Hier zeigen sich durchaus Ähnlichkeiten zum Verhalten mancher Protagonisten der architektonischen Moderne. Nachdem alle Versuche, die von den Nationalsozialisten als »eine ›fast rein demokratisch-marxistische‹ Einrichtung« (Haiger 1991, S. 95) bekämpfte Hochschule in die neue Zeit hinüberzuretten, gescheitert waren, verließen die meisten Lehrpersonen die Bauakademie. Lediglich etwa 20 Prozent des Lehrkörpers blieb erhalten. 1937 wurde die Hochschule Reichsanstalt, »und 1940 ging sie in der Auslandswissenschaftlichen Fakultät der Berliner Universität auf.« (Göhler 1991, S. 14) Durch den Bombenangriff vom 3. Februar 1945 wurde die Bauakademie teilzerstört, eine Nutzung war seither nicht mehr möglich.

Vier Jahre nach Kriegsende, am 15. Januar 1949, mitten in der Blokkadezeit, wurde nach mehrmonatigen Vorbereitungen die Deutsche Hochschule für Politik in West-Berlin, und zwar in der Cecilienschule am Nikolsburger Platz im Bezirk Wilmersdorf, in Anwesenheit von Bürgermeister Ernst Reuter feierlich wiedergegründet. Vorausgegangen war ein entsprechender Antrag von CDU, LDP und SPD sowie ein Beschluß der Stadtverordnetenversammlung am 100. Jahrestag der Revolution von 1848. Theodor Heuss forderte in seinem Festvortrag »Die Men-

Theodor Heuss referierte an der Deutschen Hochschule für Politik am 2. Mai 1952 über »Formkräfte einer politischen Stilbildung«

schenrechte in der politischen Bildung«, »daß ›der Atem der Welt durch die Pforten der Hochschule wehen‹ müsse. Sie dürfe den Begriff der Politik nicht zu eng fassen, weil auch das Irrationale in Rechnung zu stellen sei. Sie dürfe keine Spezialisierung erstreben, sondern habe die Kunst der Zusammenarbeit zu pflegen. Auch dürfe sie nicht als lokale Berliner Angelegenheit gelten, sondern müsse ein erster Versuch für ganz Deutschland sein.« (Berlin 1962, S. 88) Es ist nicht verwunderlich, daß die neue, sozialdemokratisch geprägte Hochschule mit ihrem Direktor Otto Suhr sofort in die Fronten des Kalten Krieges geriet. Der erste Standort der Hochschule war das Studentenhaus der Technischen Universität Berlin am Steinplatz, in dem einige Monate zuvor erstmals der aus dem Sowjetsektor vertriebene nicht-kommunistische Teil der Stadtverordnetenversammlung tagte.

Otto Suhr, der Direktor der neuen Hochschule, erinnerte sich im Jahre 1952 noch an den Standort der alten Hochschule für Politik, und zwar mit folgenden Worten: »Wer heute über die Stelle geht, an der einmal die Hochschule für Politik gestanden hat, wird diesen ganzen Umkreis bis zur völligen Unkenntlichkeit verändert finden. Die alte

Das 1962 bezogene Gebäude des Otto-Suhr-Instituts an der Freien Universität Berlin in Dahlem, einer Nachfolgeinstitution der Deutschen Hochschule für Politik

Schinkelakademie ist zerstört, bis auf jede Spur verschwunden ihr Nachbar, das Schloß – ein großer leerer Aufmarschplatz mit Spruchbändern östlicher Parolen ist an die Stelle dieses unersetzlichen Stückes Alt-Berlin getreten. Die Vergangenheit ist zerstört und weggeräumt.« (S. 33)

Die neue Deutsche Hochschule für Politik hatte ein zehnjähriges Leben. Am 1. April 1959 wurde sie endgültig mit der Freien Universität Berlin verschmolzen. Das traditionsreiche Otto-Suhr-Institut – OSI – ist die Fortsetzung der Deutschen Hochschule für Politik, und sein Name bezieht sich auf den ersten Direktor dieser 1949 neu gegründeten Hochschule, den späteren Regierenden Bürgermeister von Berlin. Erst Jahrzehnte danach kommt es zu einer kritischen Auseinandersetzung über das institutionelle Erbe der Deutschen Hochschule für Politik: Während bis in die siebziger Jahre hinein die »heroische Erinnerung an den hoffnungsvollen, aber früh erstickten Erstgeborenen einer ›Demokratiewissenschaft‹« dominant war (Söllner 1991, S. 41), wurde diese Legende durch detaillierte Forschungen (vgl. insbesondere Göhler/Zeuner 1991) zugunsten einer widersprüchlicheren Bewertung zerstört. Den StudentInnen heute wird diese Geschichte wohl wenig vertraut sein, noch weniger der Bezug ihrer Wissenschaft zur Schinkelschen Bauakademie. Allerdings verweist ein Schriftzug an der Fassade (»vorm. Deutsche Hochschule für Politik«) und eine kleine Ausstellung (mit einem Foto der Bauakademie!) im Foyer des Otto-Suhr-Instituts auf die Vorgängerinstitution.

DEUTSCHE BAUAKADEMIE DER DDR

Nach der Gründung der DDR schien es zunächst, als ob das Gebäude Bauakademie wieder eine Institution Bauakademie beherbergen würde. Planungen von Richard Paulick seit 1950 unterstrichen diese Zielsetzung. Paulick plante einen weitgehenden Umbau des Inneren, den zweiten Großumbau also. In das wieder zu errichtende Gebäude sollte die im Dezember 1951 neu gegründete Deutsche Bauakademie einziehen, eine Institution, die aus dem Institut für Städtebau und Hochbau beim Ministerium für Aufbau (Leitung: Kurt Liebknecht) und dem Institut für Bauwesen bei der Deutschen Akademie der Wissenschaften (Leitung: Hans Scharoun) hervorging (Geist 1993, S. 72). Walter Ulbricht meinte damals: »Möge der Wiederaufbau des Schinkelschen Gebäudes der Bauakademie symbolisch dafür sein, eine wie hohe Achtung die Leistungen der Meister der deutschen Baukunst bei uns genießen ...« (1951, zit. bei Geist 1993, S. 72)

Das Signet

Die neugegründete, von dem Architekten Kurt Liebknecht, dem Neffen von Karl Liebknecht, geleitete Deutsche Bauakademie war allerdings keine schlichte Bauschule mehr. Sie sollte eine »wissenschaftliche Institution neuen Typus« werden; »die Forschungstätigkeit für die Bauproduktion bildete den Hauptinhalt der Arbeit der Akademie; das

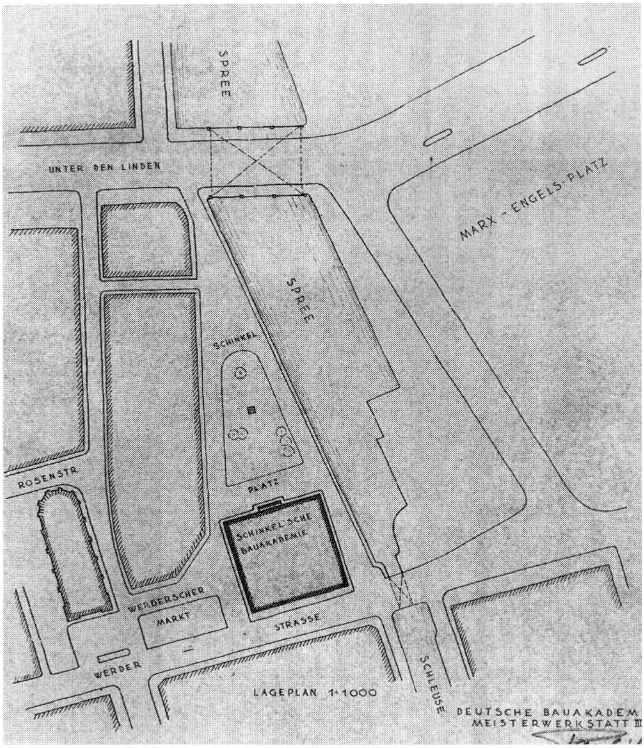

Lageplan der wiederaufzubauenden »Schinkel'schen Bauakademie« mit Schinkelplatz samt Denkmal, Richard Paulick, 1952

Planung zum Wiederaufbau der Bauakademie: »Projekt Schinkel Akademie«, links das erste und rechts das zweite Obergeschoß, Richard Paulick, 1952

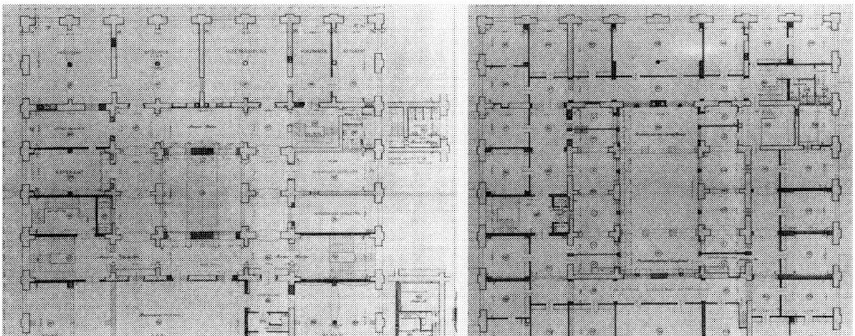

Perspektivzeichnung eines »Demokratischen Forums« am erneuerten Schinkelplatz, Richard Paulick, W. Schmid, um 1952
Zwischen der wiederaufgebauten Bauakademie und dem Zeughaus erstreckt sich der geplante Neubau des »Hauses der Frau« (vgl. Hain 1992, S. 17)

Plenum als höchstes wissenschaftliches Organ übte eine beratende Funktion aus und nahm zu prinzipiellen Fragen Stellung.« So hieß es im Jubiläumsjahrbuch 1961 der Deutschen Bauakademie (S. 6). Jedenfalls war auch sie einem Ministerium unterstellt, und sie war ein zentralistisches Instrument eines zentralistischen Staates, dessen eigentliches Zentrum jenseits des Staatsapparates zu finden war: in der bestimmenden Partei, der SED. Und sie war natürlich keineswegs ein homogenes Gebilde in den Jahren der DDR, sondern Motor und Bremse der jeweils unterschiedlichen Bau- und Städtebaupolitik. Sie war eine Einrichtung, die mit einigen Hundert Mitarbeitern begann und mit einigen Tausend Mitarbeitern endete, die in einer Art Forschungsstadt am Rande Berlins in Hohenschönhausen arbeiteten, in einer Anlage, die wohl kaum mehr dem architektonischen Vorbildcharakter der Schinkelschen Bauakademie entsprach. Die Bauakademie der DDR wurde nach den Bestimmungen des Einigungsvertrages zwar 1990 aufgelöst, lebt aber in Fragmenten noch heute weiter, etwa im Institut für Regionalentwicklung und Strukturplanung IRS, das inzwischen in Erkner seine Heimat gefunden hat.

Die Deutsche Bauakademie – seit 1972 »Bauakademie der DDR« – hat entgegen ihren Absichten nie im Gebäude Bauakademie residiert. Nach instandsetzenden Baumaßnahmen zu Beginn der fünfziger Jahre wurde die Baustelle stillgelegt. »Bis 1953 waren etwa 2 Mio. Mark/DDR investiert worden, ein Notdach errichtet und große Teile der Fassade bis auf die Fenster gesichert bzw. erneuert. Für das Jahr 1954 gab die Staatliche Plankommission jedoch keine weiteren Mittel frei. Es hub ein knapp eineinhalbjähriger Kompetenz-, Zuständigkeits- und Finanzierungsstreit zwischen Ministerrat, Staatlicher Plankommission, Magistrat und Denkmalpflege an, über dem die Investition Bauakademie als stillgelegte Baustelle erneut zu sterben drohte. Der bis zu 85 Prozent fertiggestellte Rohbau dümpelte vor sich hin, die 6 Original-Schinkelkronen ruhten bereits verpackt und saniert in der Restauratoren-Werkstatt. Paulick hatte nach Absprache mit Liebknecht Mitte 1955 das Projekt eingestellt. Außer bescheidenen Summen für die Gebäudesicherung vom Institut für Denkmalpflege gelang es dem Aufbauministerium als Planträger 1956, knapp eine Million bereitzustellen und damit den Hauptanteil des notwendigen Formsteinbrandes zu realisieren, die Fertigstellung der Fassade zu gewährleisten. Gleichzeitig war der Auftrag an die Meisterwerkstatt Paulick ergangen, das Projekt zum Abschluß zu bringen. Wenige Wochen später wurde dieser wieder storniert, da die Errichtung der neuen Wohnstadt Hoyerswerda, deren Planung Paulick und seinen Mitarbeitern übertragen wurde, Priorität erlangt hatte.« (Tscheschner 1996, S. 23f.)

Im Zuge der Überlegungen zur Neugestaltung eines sozialistischen Zentrums zu Ende der fünfziger Jahre geriet das Gebäude Bauakademie immer mehr ins konzeptionelle Abseits. Zunächst wurde ein Kompromiß zur Rettung des Bauwerks gesucht: Geprüft wurde wieder einmal eine Verschiebung des Gebäudes, eine in der Sowjetunion bereits bewährte Technik, aber auch ein Wiederaufbau an anderer Stelle, und zwar gegenüber der Friedrichswerderschen Kirche, an der Ecke Französische Straße/Kurstraße (vgl. Tscheschner 1996, S. 25). Im November 1958 wurde der Abbruch der Bauakademie bereits erwogen, im April 1961 wurde er endgültig beschlossen. Proteste der Fachwelt aus der Bundesrepublik, aber auch in der DDR blieben ohne Erfolg. In dieser Zeit erschien der »Aufruf zur Rettung« der Bauakademie von Goerd Peschken. Dieser Aufruf endete mit folgenden Worten: »Wenn die Geschichte des modernen Städtebaus und der modernen Architektur in Deutschland einmal durchgearbeitet sein wird, wird man vermutlich endlich genau wissen, daß die Bauschule Schinkels das bedeutendste Gebäude ist, das in unserem Land im vorigen Jahrhundert gebaut worden ist …«

Noch vor dem Bau der Mauer begann dann der Abbruch der Bauakademie, zunächst noch mit der Perspektive des Neuaufbaus: »Im Juni 1961 war ein Kollektiv von Denkmalpflegern gebildet worden zur Vor-

Die Bauakademie kurz vor dem Abbruch, 27. März 1961

bereitung dieses Vorhabens, die vor allem beim Abriß die wertvollen Fassaden- und Bauelemente für den Wiederaufbau zu bergen hatten. Die Projektierung dafür sollte 1962 beginnen, den Auftrag erhielt der Architekt Lothar Kwasnitza im VEB Berlin-Projekt, dessen Studie leider nur bruchstückhaft erhalten blieb. Der Baubeginn für den rekonstruierten Neubau war für 1965 geplant, wurde später jedoch wegen Investitionsknappheit in die Zukunft verschoben. Der vorgesehene Standort, ebenso wie ein zweiter neben dem Märkischen Museum blieben für den Wiederaufbau der Bauakademie reserviert und deshalb bis in die jüngste Gegenwart unbebaut. Ein wesentlicher Grund für das Scheitern aller Versuche, den Neubau der abgetragenen Bauakademie auf dem Standort Französische/Kurstraße erneut zu forcieren, soll allerdings nicht unerwähnt bleiben. Das im Verlauf des Kalten Krieges rapide zunehmende Sicherheitsbedürfnis der politischen Führungsorgane, aber auch die Angst der für ihren Schutz Verantwortlichen erzeugten eine ›Bannmeile‹ im Umfeld des früheren Reichsbankgebäudes, des Amtssitzes des Politbüros des ZK der SED sowie der Bezirksleitung Berlin der SED, in der keine Bebauung stattfinden durfte.« (Tscheschner 1996, S. 25) Dem Abbruch der Bauakademie folgten weitere Abbrüche überkommener Bauten am Werderschen Markt und Schinkelplatz.

Gaststätte »Schinkelklause« mit eingebautem Portal der abgebrochenen Bauakademie an der Oberwallstraße, errichtet 1969 bis 1972, Foto 1981

Es sollte aber auch nicht verschwiegen werden, daß der Respekt vor dem Gebäude Bauakademie selbst im »Westen« nicht sonderlich ausgeprägt war. So haben etwa die Planungsunterlagen des von westlicher Seite ausgeschriebenen Wettbewerbs Hauptstadt Berlin aus dem Jahre 1957 das Gebäude nicht als unbedingt erhaltenswert ausgewiesen – im Gegensatz etwa zur Friedrichswerderschen Kirche. Auch der Nachfolgebau der Bauakademie, das alte, im Krieg teilzerstörte und vereinfacht wiederaufgebaute Hauptgebäude der Technischen Hochschule, wurde durch die neue, in den Jahren 1961 bis 1968 (und damit in etwa zeitgleich mit dem DDR-Außenministerium) errichtete zehngeschossige Scheibe nach Plänen von Kurt Dübbers und Karl-Heinrich Schwennicke nicht gerade respektiert; die »Kontrastarchitektur« – seinerseits gefeiert – stellt sich heute doch als eher problematisch dar (vgl. auch Bollé 1994, S. 48).

Seit dem Abbruch existiert die Bauakademie nurmehr in Form von Teilstücken weiter, so etwa im Schinkel-Museum in der Friedrichswerderschen Kirche und als Rahmung des Eingangs zur »Schinkel-Klause«.

Bei genauerem Hinsehen wird der Begriff Bauakademie schillernder, komplexer. Er verschränkt sich nicht ausschließlich mit dem Bauwerk Schinkels, und dieses Bauwerk verschränkt sich nicht nur mit der Institution Bauakademie. Die Reduktion des Begriffs »Bauakademie« auf das Bauwerk ist ein Beweis für den durchschlagenden Erfolg der Konstruktion kultischer Architektur. Noch deutlicher wird das, wenn dem Bauwerk eine Apposition zur Seite gestellt wird, nämlich das Wort Schinkelsch. Was suggeriert die Rede von der Schinkelschen Bauakademie? Sie verweist nicht nur auf die Autorenschaft des Entwerfens, sondern auch auf die direkten Bezüge zwischen Genius und genialem Werk, sie suggeriert einen Architekten, der sich von den gesellschaftlichen Zwängen seiner Zeit emanzipiert hat und nicht mehr ein kreativer Mittler war, sondern ein Schöpfer per se. Spätestens an dieser Stelle ist nach der Funktion Schinkels zu fragen, nach seiner Rolle im Entstehen der Bauakademie und bei der Nutzung der Bauakademie.

Schinkel, so die gängige Meinung, habe bei der Bauakademie völlig freie Hand gehabt. »Kein fürstliches Machtwort«, so schon Friedrich Adler 1869, »hat des Künstlers Wünsche gehemmt oder geleitet, kein bevormundendes Besserwissen hat an seinem Streben gemäkelt oder verbessert. Alles ruhte in einer Hand und daher kam Alles aus einem Gusse.« (S. 103) Dieser Hinweis auf eine »unbehinderte Entfaltung« beruht auf einer sehr vereinfachten Auffassung der Beziehung von Gesellschaft und Individuum im spätabsolutistischen Preußen.

Da Friedrich Wilhelm III. im Falle der Bauakademie Schinkel weder verbal noch mit dem Zeichenstift korrigierte, wird Schinkels Schaffen als unbehindert bezeichnet. Tatsächlich war Schinkel Produkt wie Produzent weitaus komplexerer gesellschaftlicher Verhältnisse. Die politische Grundströmung dieser Zeit wurde von Martin Kiesling (1931) nicht ganz zu Unrecht als »trübe Reaktion« charakterisiert. »Ernst Moritz Arndt wird seines Amtes entsetzt, Ludwig Jahn wird ins Gefängnis gesteckt, Schleiermacher belauert. Metternich regiert Europa.« (S. 292) Bereits 1819 wurde Wilhelm von Humboldt, ein Förderer Schinkels, als Minister entlassen, 1823 wurde eine Neuauflage von Fichtes »Reden an die Deutsche Nation« verboten, die Presse wurde zensiert, die Staatsgefängnisse wurden ausgebaut. Schinkel mußte sich nicht nur in dieser »herzlich schlechten Zeit« zurechtfinden, er mußte auch immer mit der Sparsamkeit und der auf Schlichtheit orientierten Haltung Friedrich Wilhelms III. rechnen, oder allgemeiner: mit der relativen Armut des preußischen Staates.

Doch in welcher Eigenschaft war Schinkel überhaupt mit diesen Verhältnissen konfrontiert? Als Genie, als Künstler, als freier Architekt? Natürlich nicht. Sondern als preußischer Baubeamter. Als Spitzenbeamter des preußischen Staates, als ästhetischer Zuchtmeister des preussischen Bauwesens. Bislang, so Christine Löser in ihrer Arbeit über die Oberbaudeputation, wurde zu wenig beachtet, »daß Schinkel kein freier Architekt im heutigen Verständnis, aber auch kein Hofarchitekt wie zum Beispiel Georg Wenzeslaus von Knobelsdorff unter Friedrich II. gewesen ist. Er war in erster Linie preußischer Baubeamter, also Architekt in Staatsdiensten. Im Zuge der Stein-Hardenbergschen Reformen wurde der spätabsolutistische Verwaltungsapparat umgeformt, so daß auch der Bauverwaltung mehr Gewicht zukam, als es den Anhängern des Geniekults um den großen klassizistischen Architekten zugesagt haben mag.« (1994, S. 1)

Schinkel war bekanntermaßen seit 1810 Mitglied der Königlich Technischen Oberbaudeputation, er war als Oberbau-Assessor für den »ästhetischen Teil der Baukunst« zuständig, und zwar für das gesamte Staatsgebiet. »Die Revision der Projecte für die sämtlichen aus Staats-Cassen bestrittenen Bauten in dieser Beziehung und die nöthigen neuen Entwürfe für dergleichen Bauten, sowie der Antheil an den Prüfungen der jungen Baumeister, welche auf königliche Dienststellen Ansprüche haben wollen, dies ist hier sein Wirkungskreis.« (Schinkels Selbstbiographie, zit. in Büchel 1994, S. 56) 1815 stieg Schinkel zum Geheimen Oberbaurat auf. Er selbst war zwar Schüler und später Prüfer an der Bauakademie, seine Karriere aber vollzog sich in der Oberbaudeputation, deren Leiter als Geheimer Oberbaudirektor er 1830 wurde. Schinkels Freund Christian Peter Wilhelm Friedrich Beuth, der Leiter des neugegründeten Gewerbeinstituts, übernahm 1830 die Leitung der Bauschule. Damit waren die institutionellen Voraussetzungen für einen Neubau herangereift. Schinkel und Beuth zusammen brachten den Neubau strategisch voran. Beuth vor allem versuchte, den König davon abzubringen, aus ökonomischen Gründen den Bauplatz der späteren

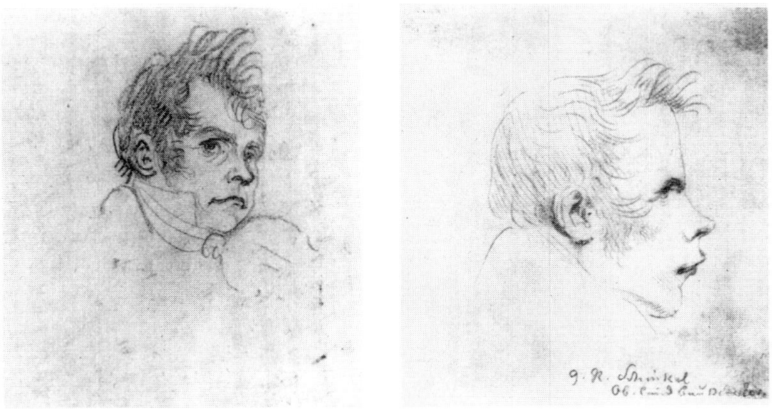

Bildnisse von Karl Friedrich Schinkel, geschaffen von Johann Gottfried Schadow, um 1810 und nach 1830

Der kultisch verehrte Schinkel wurde in der Regel – bis heute – auf Bildern und in plastischer Form idealisiert. Realistischere Bilder des keineswegs so klassisch modellierten Architekten wurden ebenfalls gezeichnet, allerdings weniger gern präsentiert. Die Skizzen von Schadow zeigen Schinkel zum einen, als er in die Oberbaudeputation eintrat, zum anderen, als er bereits zum Oberbaudirektor aufgestiegen war. Die erste Skizze wurde erstmals im Katalog der großen Schinkelausstellung der DDR 1980 veröffentlicht.

Bauakademie an Privatpersonen zu verkaufen, Beuth versuchte, den König für ein öffentliches Gebäude in dieser zentralen Lage zu gewinnen.

Am 12. März 1831 stellte Beuth den Antrag, »den Bauplatz auf dem Gelände des alten Packhofes zu genehmigen, und gleichzeitig werden in Tusche ausgeführte Entwürfe und der Lageplan mitgeschickt … . Der König erteilt am 29. März 1831 die Genehmigung für Bauplatz und Entwürfe.« (Karl Friedrich Schinkel 1980, S. 158) Im Jahr 1831 wurde an den Entwürfen weitergearbeitet – durch Schinkel, den Baukondukteur Stier und die Oberbaudeputation. »Am 1. Oktober 1831 wird Baukondukteur Emil Flaminius mit der Leitung des Neubaus und der Bearbeitung der Bauanschläge beauftragt. … Am 8. Februar 1832 ist der Gesamtanschlag des Baukondukteurs Bürde, der als Bauunternehmer fungiert, fertig, und der Abbruch der Bauten des alten Packhofes beginnt. Mit dem Neubau wird am 1. April 1832 begonnen.« (Ebd.) Trotz zahlreicher beteiligter Akteure wurde der Bau in unglaublich kurzer Zeit vorbereitet. Die Bauakademie als Institution wie als Gebäude sind auch ein Denkmal staatlicher Gestaltungskraft.

Erst als er bereits Direktor der Oberbaudeputation war, entwarf Schinkel also den Neubau der Bauakademie. In seiner Eigenschaft als Mitglied der Oberbaudeputation konnte er auch als Prüfer an der Bauakademie tätig werden. Schinkel verfügte nicht als Lehrer an der Bauakademie über eine Dienstwohnung im Gebäude der Bauakademie, sondern als Direktor der Oberbaudeputation. »Seine Präsenz in diesem Hause symbolisiert eindringlich seine völlige Hingabe an die Architektur und seine Identifikation mit dem neuen Preußen.« (Mellinghoff/-Watkin 1989, zit. in Büchel 1994, S. 120f.)

Als Mitglied der Oberbaudeputation mußte Schinkel schließlich die Grenzen dieser Institution hautnah erfahren. Die Beschränkung der Kompetenzen der Oberbaudeputation hinderte Schinkel allerdings nicht daran, als Architekt tätig zu werden. Im Gegenteil, er nutzte diese Position, um zugleich seine Rolle als Privat-Baumeister der königlichen Familie zu festigen. Er lernte schnell, sich in den Herrschaftsverhältnissen effektiv zu bewegen. Seine gestalterischen Vorschläge waren nicht nur nachvollziehbar zeichnerisch ausgearbeitet, sondern zugleich mit einem straffen Erläuterungstext versehen, der die Vorschläge gestalterisch, sozial und ökonomisch untermauern sollte. Er arbeitete also mit Text und Bild zugleich, eine Fähigkeit, die heutigen Architekten nicht immer nachgesagt werden kann. Auch die fehlende stadtplanerische Kompetenz seines Amtes hinderte ihn nicht, Pläne zu entwerfen, die zwar offiziell keine Beachtung fanden, aber Schinkels Handeln inoffiziell leiteten. Die Oberbaudeputation mußte sich mit anderen Bauverwaltungen in Preußen auseinandersetzen, so etwa mit dem Hofbauamt, konkret mit dessen Direktor Heinrich Gentz, dem Architekten der Münze.

All diese gesellschaftlich-politischen Bedingungen seiner Tätigkeit hat Schinkel nicht nur erkannt und geduldet, sondern strategisch optimiert. Darin liegt – neben dem architektonischen Werk – seine herausragende Leistung. Diese Leistung fand in baugeschichtlicher Perspektive oft wenig Beachtung, in einer Perspektive, die dem »Beamten Schinkel« den »Künstler Schinkel« entgegensetzte und die Beamtentätigkeit als Schranke der künstlerischen Tätigkeit begriff. »Am höchsten zu bewundern aber, wie er mit fünfzig die erreichte Stellung in der Bürokratie und eine günstige Lage der Ressorts nutzt und nahezu im Alleingang die Bauakademie baut, nun an den Geschmacksvorstellungen des Kronprinzen, mit dem er eben noch gemeinsame Sache gemacht hatte, genau vorbei. Diese

»Beuth auf Pegasus bläst Seifenblasen über seiner Fabrikstadt«, Aquarell von Karl Friedrich Schinkel, 1837

Die geradezu sensationelle, früher im Schinkelmuseum befindliche, seit 1945 verschollene Huldigung an seinen Freund und Mitstreiter für den Neubau der Bauakademie malte Schinkel kurz nach seinem Einzug in die Bauakademie. »Aus unerreichten Himmelshöhen sieht«, so Christine Hoffmeister im Katalog der großen Schinkel-Ausstellung der DDR 1980, der Betrachter »hinab auf Wolkenfetzen und findet zwischen ihnen das unabsehbar weite Häusermeer der Industriegroßstadt, die nirgendwo zu jener Zeit in Deutschland zu entdecken war. ... In wogende Bewegung geraten sind Fabrikation und Verkehr. ... Ein sturmzerrissener Kranz aus Dampf umgibt das offene Arbeitszimmer Beuths, wo große Projekte künftiger Verwirklichung harrten. Rauchende Fabrikschornsteine ragen heraus aus dem Gewirr von Häusern und Straßen und überragen die anspruchsvollen klassizistischen Architekturen so entschieden wie die dicken, von orientalischen Kuppeln bekrönten Türme. Die durch den Qualm der unzähligen Schlote erkennbaren Industrien symbolisieren in diesem Landschafts- und Stadtschaftsbild jene erhoffte und gefürchtete ›dampfestolle‹ Epoche, die gleichzeitig Reichtum und Armut, Defätismus und Enthusiasmus gebar. Durch die Lüfte, hoch darüber hinweg, fliegt auf feurigem Flügelpferd als Sinnbild menschlicher Kühnheit und genialen Tatendrangs in jugendlicher Athletengestalt Beuth: ... Ballongroß stehen Beuths Seifenblasen mit den Zeichen ›Titanus‹ und ›Utopia‹ über der Stadt. Auch die übrigen der schnell vergänglichen Kugeln tragen Kenn- und Bekenntnisworte des Künstlers für seinen Freund, die sich auf dessen gesellschaftliche Ziele und Taten, Pläne und Zuversichten beziehen.« (Karl Friedrich Schinkel 1980, S. 390) Beuth, preußischer Gewerbepolitiker und als Anhänger des englischen ökonomischen Liberalismus sozusagen die Verkörperung des modernen Bürgertums, wurde als eigentlicher Gründer der modernen Stadt bezeichnet: »Ich schwebe auf einer von mir gegründeten Fabrikstadt auf dem Pegasus und mache Seifenblasen« (Matschoss 1921, S. 72). Das Flügelroß verweist zugleich auf den Pferdeliebhaber Beuth: In seiner Bibliothek sollen sich 178 Werke über Pferde und Pferdezucht befunden haben! Die Fabrikstadt ohne König, aber auch ohne Baumeister, ein Werk des industriellen Bürgertums, welches die alte, klassizistische Stadt überrollt – das ist nicht nur eine Hommage an Beuth, sondern auch und vor allem eine Stadt-Vision, die so gar nicht in das glatte Schinkelbild paßt. Das Bild ist daher »nur äußerst selten erwähnt« und – so Christine Hoffmeister – »m.W. nirgends abgebildet« und in seiner sozialen Repräsentanz »nie gewürdigt worden« (Karl Friedrich Schinkel 1980, S. 391). Das ist ein klein wenig übertrieben. Publiziert wurde das Bild, das im DDR-Katalog (S. 314) nur ausschnittsweise gezeigt wurde, zumindest bereits in der Schrift »Preußens Gewerbeförderung und ihre großen Männer« von Conrad Matschoss (1921), S. 72. Diesen Hinweis verdanke ich Hans-Joachim Engstfeld.

Kälte der Kalkulation, diese Anpassungsfähigkeit! Und welche Zähigkeit, welche Reserve, und welch ein Ehrgeiz!« (Peschken 1981, S. 239)

Die Oberbaudeputation war allerdings personell unterbesetzt und daher chronisch überlastet, eine Situation, die Schinkel durch eine Reorganisation der Behörde entschärfen wollte. Ohne Erfolg – insbesondere auch deswegen, weil er seinen zentralistischen Einfluß immer weiter ausdehnen wollte. Daß gerade dieser Charakterzug nicht unbedingt positiv bewertet werden kann, darauf hat Goerd Peschken hingewiesen: »Sein wahrhaft unabsehbares Werk besteht zum guten Teil aus Korrektionen, die er den unterstellten Provinzbaumeistern angedeihen ließ. Es fällt sehr traurig auf, daß er auch für begabte und bedeutende unter diesen nicht die geringste Kollegialität empfand, sie genauso kujonierte wie den ungeschicktesten. So hat er einigen rheinischen Baubeamten, z.B. Adolf von Vagedes und Johann Peter Cremer, manches Werk verdorben oder weggenommen; auch in der Hauptstadt Berlin gab es Architekten von Rang, die er völlig ins Abseits gedrängt hat mit seiner behördlichen Macht, Ludwig Catel, Friedrich Rabe, Schloetzer etwa. ... Niemand ist ungestraft jahrzehntelang Beamter eines Bevormundungssystems. – Schinkel war bekanntlich ungeheuer fleißig, hat sich, darf man sagen, totgearbeitet. Hätte er sich doch etwas entlastet, nicht jeden ihm zur Prüfung eingereichten Entwurf neu gezeichnet! Der Typus des schwer überbürdeten Großverantwortlichen mit den vielen unselbständig gehaltenen frustrierten Untergebenen, ach, man kennt ihn nur zu gut. Ein großer Künstler und Architekt muß darum nicht auch als Kollege liebenswert sein, ein liebenswürdiger Kollege darum nicht ein großer Künstler. Infantile Heldenverehrungssucht verstellt nur den Blick auf sein Werk.« (1981, S. 238f.) Dieses Werk muß – so Goerd Peschken – ganz nüchtern vom Produkt her beurteilt werden, welches wiederum ein Ergebnis meisterlicher Durchsetzungsstrategien war: Das Zukunftsweisende seiner Bauten, vor allem »die vollkommen moderne, rationalistische Struktur« der Bauakademie – rechtfertige Schinkels »großen Ruhm. Da sieht man doch, wozu die Monomanie eines nicht eben sympathischen, sonst schrecklich normal funktionierenden Hochleistungs-Spezialisten gut sein kann.« (S. 240)

Eine Voraussetzung für Schinkels Wirken und Wirksamkeit war also der preußische Staatszentralismus, dessen reformierte Form erst in und nach den Napoleonischen Kriegen gefunden wurde. Allerdings war die

Staatsreform zunächst noch keineswegs gefestigt, sondern im Experimentierstadium. Das zeigt auch die oft wechselnde Zuordnung der Oberbaudeputation zu unterschiedlichen Fachministerien. Die Staatsreform zu Beginn des 19. Jahrhunderts hat das altpreußische System überwunden und den bürokratischen Absolutismus konsolidiert. Der staatliche Apparat hat als Akteur weiter an Bedeutung gewonnen, der König als politische Zentrale an Bedeutung verloren.

Die Rationalisierung der preußischen Residenz in der ersten Hälfte des 19. Jahrhunderts war daher wesentlich auch ein Produkt der neuen preußischen Bürokratie. Und die Bauakademie selbst ist wohl das eindrucksvollste Zeugnis dieser neuen zentralistischen Bürokratie, Ausdruck einer zunehmenden relativen Autonomie des Verwaltungsapparates vom Willen und Einfluß des Königs. Daß in dieser Bürokratie auch Vertreter des Bürgertums sich entfalten konnten, heißt noch lange nicht, daß etwa die Bauakademie als Einrichtung des Bürgertums, als frühe Manifestation des bürgerlichen Individualismus oder gar als Verkörperung demokratischer Ansätze begriffen werden kann. Das Gebäude beherbergte die Bildungsanstalt für künftige preußische Staatsbeamte und die oberste Baubehörde. Und dies bringt auch das Gebäude zum Ausdruck. Die beiden Eingänge zu den symbiotischen Institutionen waren nach hinten hin orientiert, zum Platz an der Bauschule, dem späteren Schinkelplatz. Das bedeutete auch, daß nicht der kürzeste Weg zwischen Schloß und Bauakademie realisiert wurde. Die Bauakademie hatte sich vom Schloß relativ emanzipiert, sie stand auch zum Schloß in keiner direkten Beziehung, sondern in einer indirekten, in einer Art Dreiecksverhältnis, über das Alte Museum.

Wenn das an den vier Seiten gleiche, lagerhafte, Ruhe statt Dynamik ausstrahlende Gebäude als Ausdruck des allseitig Einfluß beanspruchenden bürokratischen Absolutismus begriffen werden kann, so der dreieckige Platz an der Bauschule als dessen Repräsentationsraum, als Freiraum, der keinen direkten Bezug zum Hofe mehr hatte, als Freiraum, der aber auch nicht als Bühne bürgerlicher Öffentlichkeit fungierte. Der kubische Baukörper schloß sich zum Werderschen Markt hermetisch ab, er war eine geschlossene Anstalt, auf sich selbst bezogen, nicht auf die Stadt. Er war in diesem Sinne ein Produkt des »Staatsklassizismus von oben« (Peschken 1981, S. 238), »ideale Staatsarchitektur« (Peschken in Tsp 9.10.91), ideale Architektur eines bürokratischen Staates.

Die ehemalige Bauakademie war – so scheint es zunächst – ein Bauwerk der städtebaulichen Vermittlung zwischen dem Werderschen Markt und dem Schinkelplatz bzw. der Lindenallee, also der Vermittlung zwischen Nord und Süd, aber auch der Vermittlung zwischen Ost und West, zwischen Schloßplatz und Gendarmenmarkt. Unmittelbar prägte das Bauwerk zwei öffentliche Räume: den Werderschen Markt und den Schinkelplatz.

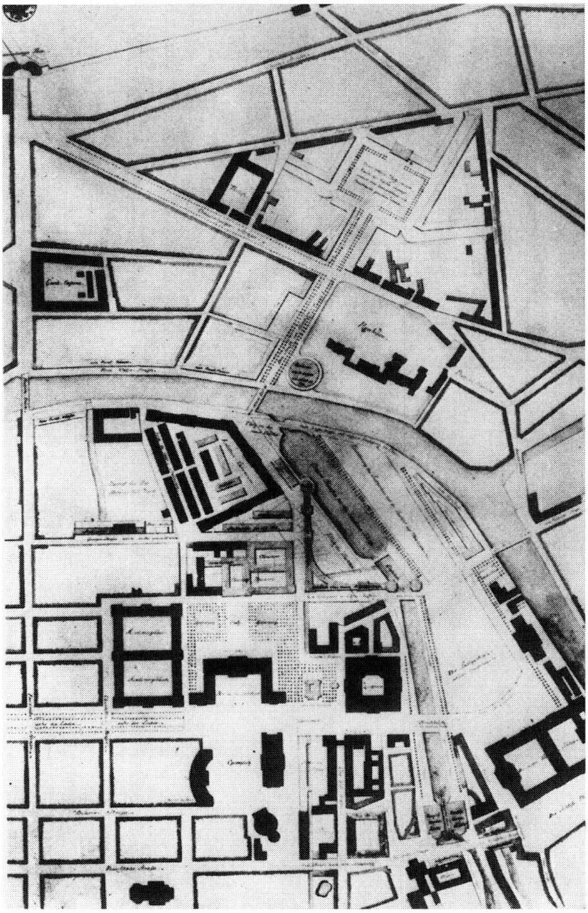

Bereits 1817 legte Karl Friedrich Schinkel ohne Auftrag einen Plan zur Neuordnung des Kernbereichs der Königlichen Residenzstadt vor Deutlich zu erkennen ist der wichtigste Vorschlag zur Rationalisierung des mittleren Friedrichswerder: der Strassendurchbruch vom Werderschen Markt zur Französischen Straße. Damit wäre der erste Schritt zu einem dritten großen Ost-West-Straßenzug getan geworden. Bei der Schleusenbrücke war eine neue Doppelkirche für die deutsche und die französische Gemeinde vorgesehen. Dem planerischen Vorstoß Schinkels war kein Erfolg beschieden.

Die zwischen 1824 und 1830 errichtete neue Friedrichswerdersche Kirche am Werderschen Markt, Bild von C.D. Freydanck, 1838

Vor der Wirkungszeit Schinkels war der Werdersche Markt, früher auch »Kälbermarkt« genannt, noch Zeugnis des agglomerativen, schlecht miteinander vernetzten absolutistischen Städtebaus. Wenn man vom Schloßplatz nach Westen, zum Friedrichswerder und der Friedrichstadt wollte, mußte man zunächst den Engpaß der Brücke und der anliegenden Packhofanlagen überwinden, um das Zentrum des Friedrichswerder zu erreichen. An Stelle des späteren Schinkelplatzes erstreckte sich eine Wasserfläche. Nach dem Erreichen des Werderschen Marktes ging es aber nicht nach Westen weiter, ein Kanal und die diesen flankierende Bebauung versperrten den Weg. Zuerst mußte man sich südwärts wenden, um dann nach Westen in die Jägerstraße einzubiegen, über die dann endlich der Gendarmenmarkt und die Friedrichstadt erreichbar war. Der Werdersche Markt brachte diese Winkelzüge in seiner Form zum Ausdruck: Er war wesentlich nord-süd-orientiert, nicht in Ost-West-Richtung. Funktional präsentierte sich der Platz in doppelter Weise: zum einen als stadtbürgerliches Zentrum mit Markt, Rathaus und (wiederum verdoppelter) Kirche (für jeweils die

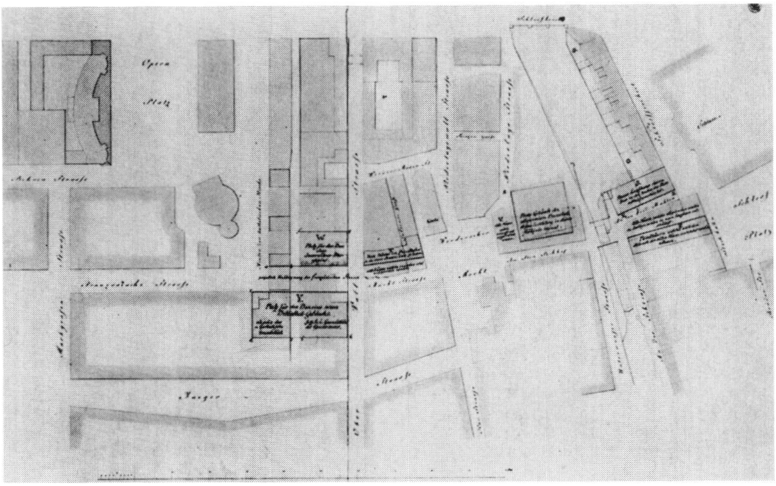

Plan für eine städtebauliche Neugestaltung des Bereichs um den Werderschen Markt im Zusammenhang des Projekts der Bauakademie, Schinkel 1831/32
Kernstück dieses zweiten Vorstoßes von Schinkel zur Neuordnung des mittleren Friedrichswerder war wiederum der Straßendurchbruch vom Werderschen Markt zur Französischen Straße. Schinkel schlug zu diesem Zwecke neben der Verbreiterung der Schleusenbrücke auch den Abriß zahlreicher einfacher Gebäude sowie den Neubau von Privathäusern, eines Warenhauses, eines Dekorationsmagazins für Kulissen sowie eines Bibliotheksgebäudes vor. Realisiert wurde nur die Bauakademie.

deutsche und die französische evangelische Gemeinde), die im Jahre 1699 in der ehemaligen Reitbahn angelegt wurde, zum anderen als Herrschaftsort mit Packhof und vor allem mit der 1798-1800 errichteten Münze, die das 1794 abgebrannte Rathaus ersetzte.

Die Neuordnung der überkommenen, funktional und gestalterisch unbefriedigenden Zustände war ein Hauptanliegen des Stadtplaners Karl Friedrich Schinkel. Mit der Umlegung des Packhofes entstand ein potentieller Bauplatz auf dem Friedrichswerder, dem alten »Zentrum der Flußschiffahrt und des Verkehrs, des Warenumschlags und des Handels« (Pundt 1981, S. 183). An dieser Stelle, östlich der von Schinkel klassizistisch, vom Kronprinzen gotisch gewünschten, daher (scheinbar) gotisch gebauten Friedrichswerderschen Kirche (1824-31) wünschte sich der Kronprinz ein »extravagantes mittelalterliches ›Burgenschloß‹« (Pundt 1981, S. 188), wogegen Schinkel zunächst neue Wohnbauten, dann ein königliches Stallgebäude, aber auch einen Schloßbau und

Das Kaufhaus Hermann Gerson am Werderschen Markt 5, 1889, errichtet 1848/49 nach Plänen von Theodor Stein

Gerson begann sein Geschäft in einem der Läden der Bauakademie im Jahre 1839. »Für die Entwicklung des Berliner Kaufmanntums war es von nicht geringer Bedeutung, daß Gerson sich im Jahre 1848 am Werderschen Markt das imposante Gebäude errichten lassen konnte, dem der Ehrentitel des ersten großen Kaufhauses seiner Art in der Hauptstadt zukam. Dies Bauwerk mit seinen breiten Schaufenstern, mit der Noblesse seiner schönen Räume und der gemessenen Formensprache des Berliner Spätklassizismus galt von der Mitte des Jahrhunderts durch Dezennien als eine Sehenswürdigkeit. Man führte die Fremden dorthin ...« (Berlins Aufstieg zur Weltstadt 1929, S. 57) Im Jahre 1889 wurde die Sehenswürdigkeit abgebrochen und 1890 durch den Neubau des »Kaiser-Bazars« ersetzt.

schließlich die realisierte Bauakademie vorschlug. Aber nicht nur das. Schinkel plante in diesem Zusammenhang auch eine Neubestimmung des verwinkelten Friedrichswerder als Durchgangsgebiet zu den barokken Stadterweiterungen im Westen.

Die Grundprinzipien der von Schinkel favorisierten Neuordnung sind bereits in dem ohne Auftrag erstellten berühmten Plan von 1817 vorskizziert. Das bescheidenere Projekt von 1832 zielte auf die Verlängerung der Französischen Straße zum erweiterten Werderschen Markt und die bequeme Fortführung dieser Straße zum Schloßplatz. Dieser Straßendurchbruch sollte »als durchgehende Ost-West-Verbindung zwischen dem alten Stadtkern und der jüngeren Friedrichstadt vom Schloßplatz über den Werderschen Markt zum Gendarmenmarkt führen und von Ladengeschäften sowie weiteren Einrichtungen des

Enthüllung des Schinkeldenkmals auf dem Platz nördlich der Bauakademie, 1869
Der Aufstellung des Denkmals ging eine kleinkarierte Auseinandersetzung voraus. Ausgangspunkt war der Tod von Peter Christian Wilhelm Beuth, des Freundes Schinkels und des Mitkämpfers für die Durchsetzung des Neubaus der Bauakademie, und das daraufolgende Ansinnen seiner Freunde, dem Förderer von Handel und Industrie ein Denkmal zu errichten. Obwohl die Tradition Standbilder nur für Fürsten und Generäle zuließ, bewilligte Friedrich Wilhelm IV. die Aufstellung eines Denkmals für Beuth auf dem Platz nördlich der Bauakademie. »Über die Stelle des Standbildes auf diesem Platz entbrannte aber ein heftiger Kampf. Die Huldigung, welche der Gewerbestand seinem großen Lehrer zudachte, hatte die Landwirte zu einer gleichen Huldigung für ihren großen Lehrer, Albrecht Thaer, angespornt, auch für dessen Denkmal wurde der Platz vor der Bauakademie bestimmt. Wir hatten für das Beuth-Denkmal den Ehrenplatz, die Stelle in der Mitte des Platzes, ins Auge gefaßt, die Landwirte erblickten aber in dieser Aufstellung eine unerträgliche Verletzung der Gleichberechtigung von Gewerbe und Ackerbau und verlangten die Stellung der beiden Denkmäler nebeneinander. Die Ressortminister nahmen sich ihrer Angehörigen energisch an, im Staatsministerium gab es einen energischen Schriftwechsel, zuletzt kam es, wie oftmals: duobus litigantibus tertius gaudet. Es war inzwischen auch ein Denkmal für Karl Friedrich Schinkel in Aussicht genommen, die Aussicht war noch fern, aber sie war vorhanden, in den Augen der Landwirte war ein Künstler kein Konkurrent, und so erhielt der Künstler den Ehrenplatz.« (Rudolph von Delbrück 1905, zit. bei Matschoss 1921, S. 75)

Handels und des Gewerbes gesäumt sein« (Pundt 1981, S. 43). Zahlreiche Abbrüche älterer Wohnhäuser und der Bau neuer Gebäude etwa für ein Dekorationsmagazin für die Opernkulissen, ein Bibliotheksgebäude und – anstelle der »häßlichen Buden« am Werderschen Markt – ein Kaufhaus sowie die Verbreiterung der Schleusenbrücke wären die Folge dieser Planung gewesen. Der König lehnte die weitreichenden Pläne ab. Lediglich der dreieckige Platz nördlich der Bauakademie, der spätere Schinkelplatz, sorgte für eine städtebauliche Verbindung zur Schloßbrücke. Der Ausbau des Werderschen Marktes zu einem Zentrum des Geschäftslebens und die Durchlegung der Französischen Straße erfolgten erst nach dem Tode Schinkels. So wurde als erstes Kaufhaus in Berlin überhaupt das berühmte und architektonisch hochgelobte Kaufhaus Hermann Gerson von Theodor Stein 1848/49 am Werderschen Markt errichtet. Der Platz wurde so zum Geburtsort der bürgerlichen City. Erst später verschob sich der Schwerpunkt des Geschäftslebens weiter nach Westen, vor allem entlang der Leipziger Straße. Das als »Sehenswürdigkeit« geltende Kauf-

Die Bauakademie – ein formal zwischen Werderschem Markt und Schinkelplatz vermittelnder Baukörper, hier noch mit Läden im Erdgeschoß, Foto: Hermann Rückwardt, 1886

Der Werdersche Markt, Foto von Max Missmann, 1904
Zu erkennen ist – neben dem Ersatzbau des Kaufhauses Gerson an der Straßenecke in der Bildmitte links – vor allem der Straßendurchbruch vom Werderschen Markt zur Französischen Straße, der erst nach dem Abbruch des alten Münzgebäudes von Heinrich Gentz 1886 realisiert wurde. Nunmehr war die Orientierung des Platzes in Ost-West-Richtung abgeschlossen.

haus wurde 1890 durch den Neubau des »Kaiser-Bazars« ersetzt. Erst zu dieser Zeit gelang auch der schon von Schinkel empfohlene Durchbruch der Französischen Straße, und zwar nach dem bedauerlichen Abbruch des Münzgebäudes von Heinrich Gentz, des ersten Bauakademiegebäudes, im Jahre 1886. Nunmehr wurde die Ausrichtung des Platzes grundsätzlich geändert – zugunsten einer Ost-West-Orientierung.

Der Werdersche Markt gehört also zu den Schlüsselplätzen der Berliner Zentrumsentwicklung, und zwar in städtebaulicher, architektonischer wie funktionaler Hinsicht. Er war ein wirklich öffentlicher Platz – im Gegensatz zum Schinkelplatz nördlich der Bauakademie, dessen ruhige, vornehme Abgeschiedenheit nicht nur durch die Bauakademie selbst, sondern auch durch die angrenzenden Bauten im Westen mit der Kommandantur im Norden sowie der Wasserfläche im Osten un-

Das 1897 errichtete Nationaldenkmal für Kaiser Wilhelm I.
Nach Entwurf von Reinhold Begas, von einem Zeitgenossen das »größte Denkmal der Welt« genannt (Berlin um 1900, S. 106), Foto von Lucien Levy, um 1900. Im Hintergrund etwas verdeckt die Bauakademie und der Schinkelplatz. Das Denkmal wurde nach dem Zweiten Weltkrieg abgetragen und sollte durch ein Monument zu Ehren der Widerstandskämpfer gegen den Faschismus ersetzt werden.

terstrichen wurde. Am 10. Juli 1836 genehmigte König Friedrich Wilhelm III. die Gestaltung des Platzes nach Plänen von Peter Joseph Lenné. Im Zuge der axialen Monumentalisierung zentraler Stadträume wurde er bald »repräsentativ« erneuert: »Vor der Portalseite stellte man ein Denkmal Schinkels auf, flankiert zur Linken durch ein Standbild von Peter Beuth und zur Rechten durch eines von Albrecht Thaer. Außerdem wurde die axiale Betonung durch zwei große Platanen verstärkt.« (Fiebelkorn 1981, S. 112) Hatte Schinkel der Bauakademie noch eine Mittelachse erspart, so zierte nun sein Standbild den axialisierten Platz vor der Bauakademie, mittig plaziert zwischen Beuth und Thaer. Auch die Gebäude am Platzrand wurden erneuert: Hervorzuheben sind die nach Plänen von Ende & Böckmann errichtete und später erweiterte Darmstädter Bank und die 1874 »modernisierte« Kommandantur an der Straße Unter den Linden.

Schinkelplatz mit Blick zur Museumsinsel und zum Dom, Foto: Georg Bartels, 1902

Luftbild des Schloßbereichs mit der Bauakademie, dem Werderschen Markt und dem Schinkelplatz im Hintergrund, vor 1925

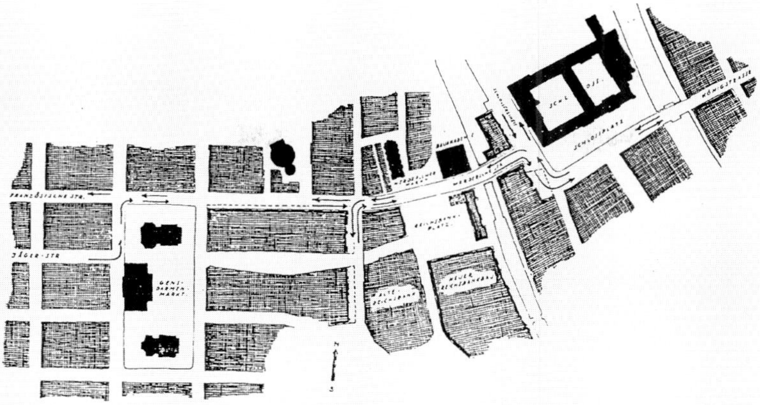

Vorschlag von Böckler-Dörge zur Anlage eines monumentalen Platzes an Stelle des Werderschen Marktes, 1935

Anlaß dieser Überlegungen im Vorfeld der Olympischen Spiele war die geplante Reichsbankerweiterung, die – anders als von Böckler-Dörge angeregt – einen Kopfbau als Südfront des Werderschen Marktes vorsah. Diesen Kopfbau reduzierte Böckler-Dörge auf eine östliche Begrenzung des neuen Großplatzes. Zwischen der Bauakademie und dem Schloß wurde ein Neubau empfohlen, der den Abbruch des Kaiser-Wilhelm-Denkmals vorausgesetzt hätte. Realisiert wurde lediglich die Reichsbankerweiterung, allerdings ohne den geplanten Kopfbau am Werderschen Markt.

Die doppelte stadträumliche Vermittlungsfunktion der Bauakademie – zum Werderschen Markt und zum Schinkelplatz – wurde über alle Veränderungen dieser Plätze hinweg durch Form und Lage des Gebäudes eindrucksvoll unterstrichen: Erinnert sei an die tendenzielle Gleichseitigkeit des Bauwerks, aber auch an die Stellung des Bauwerks, das sich zwischen die Ausrichtung der Friedrichstadt und die Ausrichtung des Schloßareals setzte. Im alltäglichen Gebrauch der Stadt leistete der Bau aber keinerlei Vermittlung: Er war keine Passage wie etwa das Schloß, er sperrte sich gegen den öffentlichen Raum, ja sein Eingang war nur nach Norden hin orientiert, zur via triumphalis des preußischen Königtums. Die formale Gleichseitigkeit war zugleich eine funktionale Gleichgültigkeit gegenüber dem öffentlichen Raum. Das war nur die konsequente Folge des historischen Nutzungsprogramms. Die Bauakademie war, um Erich Konter zu zitieren, ein autistisches Gebäude, eine geschlossene Anstalt, Abbild des zentralistischen preußischen Staates.

Der Werdersche Markt mit den teilzerstörten Schinkelbauten Friedrichswerdersche Kirche und Bauakademie, 1946

Infragegestellt wurde die komplexe Stadtraumfolge mit der Bauakademie im Zentrum nicht erst in der Nachkriegszeit. Wie an anderen Plätzen im historischen Zentrum wurden auch am Werderschen Markt in der NS-Zeit Überlegungen hinsichtlich einer gewaltsamen Monumentalisierung angestellt. Anlaß war die Planung der gewaltigen Reichsbankerweiterung, die dem Werderschen Markt mit einem Kopfbau eine funktional und gestalterisch verödete neue Südseite beschert hätte. Diese Baumaßnahme, so etwa Gerhart Dörge in der Deutschen Bauzeitung, sollte doch zum Anlaß genommen werden, »noch vor Beginn der Berliner Olympiade das Stadtbild von Entstellungen zu befreien« (1935, S. 827). Dörge plädierte für »ein gründliches Aufräumen«, eine »gründliche Säuberung«, um reizvollere und ruhigere Fassaden und einen »großen Pflasterplatz« zu erreichen. »Wichtig wäre bei der Bauakade-

Abbildungen Seite 76:
Der Schinkelplatz im Mai 1943 (oben)
und im Jahre 1949

mie das Streichen der Fenster in hellen Farben, um den Feinheiten der Gliederung wieder ihre volle Ausdrucksmöglichkeit zu verleihen, und um dem etwas schweren Backstein durch den hellen Gegensatz seinen vollen Reiz zurückzugeben.« (S. 829) Doch damit nicht genug: Dörge empfahl, den Anlaß der Reichsbankerweiterung zu einer umfassenden Neugestaltung des Werderschen Marktes »in einem wirklich weiten Rahmen« zu nutzen. Sein Vorschlag zielte auf die Zusammenlegung des historischen Platzes mit dem geplanten »Reichsbankplatz« zu einem neuen, gewaltigen, in etwa rechteckigen Platz. Der Bauakademie wäre dabei die Rolle einer Platzeckenmarkierung zugefallen. Für diese Lösung, die einen deutlich reduzierten Kopfbau der Reichsbankerweiterung impliziert hätte, sollte selbst das Kaiser-Wilhelm-Denkmal geopfert werden. Das Schloß und die Bauakademie wären damit noch deutlicher stadträumlich auseinanderdividiert worden.

ZWISCHENRESÜMEE

Das Gebäude Bauakademie, so bleibt zusammenzufassen, war nicht nur ein herausragendes Bauwerk von überregionaler Bedeutung mit außerordentlicher städtebaulicher Wirkung, mit dessen Gestaltung sich außer Karl Friedrich Schinkel noch zwei bedeutende Architekten befaßten: Richard Lucae und Richard Paulick; es war zugleich ein außerordentlich wichtiger Standort der staatlichen Baupolitik, vor allem aber der Berliner Wissenschafts- und Bildungsgeschichte. Und zwar nicht nur wegen des Wirkens der Institution Bauakademie, nicht nur wegen des Wirkens von Schinkel in dieser Akademie, sondern auch wegen des Wirkens der Deutschen Hochschule für Politik. Die Bauakademie war schließlich der »Mutterbau« der Technischen Hochschule. Das Gebäude spiegelt die Berliner Wissenschaftsgeschichte in eindringlicher Weise wider, auch nach 1933: Es erinnert an die nationalsozialistische Vereinnahmung der Hochschule für Politik, an die bauliche Teilzerstörung als Folge des nationalsozialistischen Angriffskrieges, an die Neugründung der Deutschen Hochschule für Politik und deren Transformation in das Otto-Suhr-Institut an der Freien Universität Berlin, auch an das frühe DDR-Projekt des Wiederaufbaus des Gebäudes und an die geplante Verortung einer Einrichtung in diesem Gebäude, die den Namen Bauakademie führt, aber mit der preußischen Bauakademie wenig zu tun hatte. Daß diese Geschichte heute kaum mehr in der öffentlichen Erinnerung präsent ist, zeugt nicht von der geschrumpften Bedeutung dieser Geschichte, sondern von den aktuellen Schwierigkeiten, die Berliner Wissenschaftsgeschichte jenseits mehrfacher Verdrängungsprozesse nüchtern aufzuarbeiten, von den Schwierigkeiten, diese Geschichte konstruktiv zu verarbeiten.

FÜR UND WIDER DES WIEDERAUFBAUS DER BAUAKADEMIE NACH 1989

Daß die Reduktion des Bauwerks Bauakademie auf das kultische Konstrukt Schinkelsche Bauakademie erfolgreich war, ist nicht nur einer berufsprofessionell motivierten architektonischen Strategie geschuldet, sondern auch dem zurückhaltenden Interesse wissenschaftsgeschichtlicher, sozialwissenschaftlicher Provenienz für den konkreten Raum. Diese Reduktion bleibt solange eher platonisch, als sie praktische Prozesse lediglich beobachtet und kommentiert. Sie wird aber dann eminent praktisch, wenn sie selbst von den Akteuren aufgenommen und zum Leitstern des Handelns gemacht wird. Und dies war nach 1989 der Fall.

Das Projekt des Wiederaufbaus der Bauakademie zielte zunächst vornehmlich auf die Rekonstruktion des Gebäudes, die Nutzung blieb zweitrangig. Erinnert sei an die Ausstellung über zerstörte Bauten Schinkels in der Friedrichswerderschen Kirche 1991, dann an die Ausstellung zur Bauakademie an der FU Berlin 1992, aber auch an die Diskussion der Jahre 1992/93, als der Bundespräsident in das Kronprinzenpalais ziehen sollte und die wiederaufzubauende Bauakademie als eine Art Hinterkammer des Präsidenten gehandelt wurde. Sofern überhaupt an eine anspruchsvollere Nutzung gedacht war, kam diejenige ins Gespräch, die der Name anklingen ließ. Allerdings ohne genaues Wissen um die Institution Bauakademie und deren Symbiose mit der Oberbaudeputation. Ohne Überlegungen auch darüber, inwiefern das Bauwerk etwas mit diesen symbiotischen Institutionen zu tun hatte. Und erst recht ohne Wissen um die zweite Einrichtung von internationaler Bedeutung, die Deutsche Hochschule für Politik.

Doch wer sind die Akteure des erwünschten Wiederaufbaus der Bauakademie? Zuallererst ist hier der bereits 1991 gegründete »Verein zum Wiederaufbau der Schinkelschen Bauakademie« zu nennen. Dieser Verein wünscht eine möglichst originalgetreue Rekonstruktion. Als Abspaltung und in Konkurrenz zu diesem Verein hat sich der »Förderverein für die Ausstellung ›Die Schinkelsche Bauakademie – ihre Bedeutung für die Mitte Berlins – eine Dokumentation‹« 1994 gegründet. Dieser Verein läßt die konkrete Form des Wiederaufbaus offen, er versteht sich zuallererst als Organ der Volksbildung, als Medium der Aufklärung. Die programmatischen Informationsblätter beider Vereine sind textlich in großen Teilen identisch, sie gipfeln in der Aussage: »Die Schinkelsche Bauakademie ist ein bedeutender städtebaulicher Eckstein für die Wiedergewinnung der historischen Mitte Berlins.«

Die Existenz von zwei Vereinen schwächt das Unternehmen, sie spiegelt auch die Ost-West-Zerrissenheit der Berliner Fachwelt wider. Beide Vereine sind eher Begleiterscheinung einer allgemeinen Wiederaufbausehnsucht als deren Motor. Erwähnt werden muß auch ein konkretes Projekt: der Vorschlag von Horst Draheim, eine »Musterfassade« in Form der Nordostecke der ehemaligen Bauakademie zu errichten. Unter den Sympathisanten einer Rekonstruktion der Bauakademie fanden sich eine Vielzahl von Fachleuten, die ansonsten Wiederaufbauprojekten skeptisch oder strikt ablehnend gegenüberstehen.

So plädierte etwa Fritz Neumeyer in einem Artikel der Frankfurter Allgemeinen Zeitung vom 9. Oktober 1991 vehement für den Wiederaufbau der Bauakademie: »Von welchem anderen Bau könnte man sich sehnlicher wünschen, daß der in ihm verkörperte Geist, der in der Geschichte stark verwurzelt, aber ebenso offen für das Neue ist, endlich wieder auferstünde! Mit der Bauakademie wäre nicht nur ein städtebaulicher Eckstein zur Wiedergewinnung der historischen Mitte gefunden, sondern auch das passende Gehäuse für eine Institution, die im Herzen Berlins als neue Berliner Architekturschule und Schinkel-Archiv eine Stätte des Forschens und Experimentierens und ein Diskussions-Forum für Stadtideen sein könnte.«

Musterfassade – ein Beitrag zum Wiederaufbau der Schinkelschen Bauakademie, Modellfotomontage, Horst Draheim 1995

Draheim schlägt vor, »eine Musterfassade mit reproduzierten Original-Fassadenmaterialien auf der ursprünglichen Nord-Ost-Gebäudeecke und in hervorragender Sichtverbindung zur Schloßbrücke zu errichten«. Inzwischen plant Draheim zusammen mit dem Förderverein Bauakademie eine temporäre Ausstellungshalle in der Form der Bauakademie am historischen Standort – ähnlich der Schloßattrappe.

Dagegen verzichtete Jonas Geist in seinen beiden großen Darstellungen der Bauakademie auf ein klares Plädoyer für den Wiederaufbau. »Jetzt, mit der Wiederverfügbarkeit der ganzen Stadt, müssen wir mit den wechselseitigen Fragmenten eines versuchten eigenen Wiederaufbaus umgehen lernen … . Auch das braucht sehr viel Zeit, um einzusehen, was nicht notwendig ist. Der so vehement geforderte Abriß des Außenministeriums und die gelegentlich lautgewordene Forderung nach dem Wiederaufbau der Bauakademie gehören dazu. Die notwendige Trauerarbeit sollte dazu führen, sicherzustellen, daß die Stadt bei dem Thema noch etwas zu sagen hat, und daß eine nächste Bauakademie auch begründbar ist und von wem. Die Form wird sich dann schon finden. Sie kann eigentlich nicht anders als der Zeit gemäß sein.« (Geist 1992, S. 14) Und etwas anders akzentuiert: »Das Schlimmste, was passieren könnte, wäre, daß man nur die Hülle nimmt als Kostüm für einen anderen, womöglich noch staatlichen Zweck. Doch erst, wenn eine arbeitsfähige Konstruktion gefunden ist, von der eine einigende Kraft ausgeht, und man gewillt ist, Theoriearbeit aufzunehmen, kann auch über die Hülle so nachgedacht werden, daß sie wieder zum ›Denkstein‹ wird – etwa so, wie es Max Taut in seinem besorgten Brief vom 26. Februar 1960 an Otto Nagel von Akademie zu Akademie umreißt: ›Wir sind der Ansicht, daß dieses baugeschichtlich so hochinteressante und unersetzliche Gebäude in seiner äußeren Form unbedingt erhalten bleiben müßte … . Es scheint mir außerdem sehr reizvoll, diesen Außenbau mit einem den heutigen Bedürfnissen und Erkenntnissen entsprechenden zeitgenössischen Innengehäuse zu versehen.‹ Dazu kommt die Gelegenheit.« (1993, S. 86f.)

Die nicht nur »gelegentlich lautwerdende« Sehnsucht nach der Schinkelschen Bauakademie kann aber nicht mit der sonstigen Stimmung in Richtung historischer Rekonstruktion der Berliner Mitte gleichgesetzt werden, einer Stimmung, die sich vor allem in den Forderungen nach dem Wiederaufbau des Berliner Stadtschlosses und einem dem historischen Vorbilde folgenden Wiederaufbau am Pariser Platz äußert. Sprachrohr dieser Stimmung ist ein bereits 1990 gegründeter Verein, die »Gesellschaft Historisches Berlin«, der von der Fachwelt nicht ernstgenommen und weitgehend ignoriert wird. Das ist etwas kurzsichtig. Dieser Verein hat zweifellos einen weitaus größeren Einfluß auf die Berliner Stadtöffentlichkeit als viele fachliche oder Stadtteilinitiativen, er hat beste Kontakte zu den Massenmedien, und seine Aktionen lassen erahnen, daß das Echo auf die Forderungen nach einer Wiederherstellung historischer Stadtbilder beachtlich ist. Die Gesellschaft Historisches Berlin spricht sich auch für einen Wiederaufbau der Schinkelschen Bauakademie aus, allerdings keineswegs mit einer solchen Vehemenz wie bei anderen Bauwerken.

Der Wiederaufbau der Bauakademie war und ist vorrangig ein Gegenstand, der weniger die städtische Öffentlichkeit als die Fachwelt bewegt. Und zwar so stark, daß die FAZ am 22. November 1995 diese Debatte als »ein Hauptthema der deutschen Architekturdebatten« bezeichnen kann. Für die Fachwelt ist der verschwundene Bau keineswegs nur ein Objekt sentimentaler Erinnerung, er gilt vielmehr als Zeichen für Baukultur schlechthin, für die Potenz der Architektenschaft, für die Notwendigkeit und Leistungskraft eines ganzen Berufs. Die Bauakademie

Im Rahmen des Städtebaulichen Ideenwettbewerbs Spreeinsel von Harald Bodenschatz und Johannes Geisenhof präsentierter Vorschlag, 1993
Auch wir gehörten zu den Sympathisanten des Wiederaufbaus der Bauakademie, aber zu den Gegnern des Abrisses von Staatsratsgebäude und Palast der Republik.

war kein Werbeträger für die Ziegelindustrie, sondern ein Werbeträger für qualitativ hochwertige Architektur, für Baukunst, für die Notwendigkeit, Architekten zu beschäftigen.

Ob dies von der städtischen Öffentlichkeit überhaupt so gesehen wurde, ist eine zweite Frage. Wichtig ist, daß angenommen wird, daß das Gebäude so gesehen wird. In einem solchen Falle kann auch einmal von einem zentralen Berufsprinzip abgegangen werden: von der Forderung nämlich, daß sich das Bauen heute als zeitgenössische Architektur darzustellen hat, als Beweis, daß auch zeitgenössische Architektur Höchstleistungen erbringen kann, die sich mit Höchstleistungen der Vergangenheit messen lassen können. Die Angst, daß eine Rekonstruktion als Armutszeugnis zeitgenössischer Architektur begriffen werden könne, wird in diesem besonderen Falle zurückgestellt. Die Rekonstruktion bringt der Zunft Architektur mehr als ein Neubau.

Doch ist der Konsens über die Rekonstruktion der Bauakademie überhaupt so groß, wie bislang unterstellt? Bis zum Abbruch des Außenministeriums der DDR kann diese Frage wohl bejaht werden, mit fortschreitendem Abbruch scheinen sich die Verhältnisse leicht zu verändern. Im Zuge der Freiräumung des Bauplatzes für eine Schinkelsche Bauakademie formierte sich nämlich eine neue gesellschaftliche Position: die Position der Gegnerschaft gegen eine Rekonstruktion. Für diese Position ist die Rekonstruktion ein »potemkinsches« Vorhaben, ein »dauerhafter Betrug« (Ulrich Conrads in FR 11.11.95).

Diese Position beharrt also auf dem Grundsatz, daß Bauen heute sich als zeitgenössische Architektur darzustellen hat. Flankenschutz erhält diese Position durch ein Grundprinzip bundesdeutscher Denkmalpflege: die Ablehnung jedweder Rekonstruktion – verbunden mit der These, daß mit einem Abbruch ein Gebäude unwiderruflich verloren sei. Für diese Position ist ein Wiederaufbau schlicht reaktionär. Angelpunkt einer solchen Argumentation ist das Konzept eines Originals, das ein Bauwerk ausschließlich als Materie begreift und Fragen der Nutzung, Deutung und Identitätsstiftung zurückstellt. Diese Sichtweise ist das Ergebnis einer disziplinären Konvention, es ist eigentlich nicht mehr diskutabel. Entweder ist man ein Anhänger dieses Prinzips oder nicht. Wiederum handelt es sich um eine aprioristische Haltung, die wissenschaftlich nicht begründbar ist. Eine Rekonstruktion ist in soziologischer Hinsicht nicht per se reaktionär, jedenfalls nicht im politisch-gesellschaftlichen Sinne des Wortes, ebensowenig, wie ein Steildach und eine krumme Straße per se reaktionär sind.

Mit der Eröffnung einer Front gegen die Rekonstruktion der Bauakademie ist die Frage nach der Einschätzung der Signalwirkung der Rekonstruktion verbunden. Die These der Gegner ist auch in diesem Falle klar und einfach: Die Rekonstruktion der Bauakademie ist nur der Auftakt zum Wiederaufbau des Stadtschlosses. Hier zeigt sich eine Sichtweise, die eine Sachkonsequenz postuliert, die sich aus der formalen Analogie beider Vorgänge ergibt. Aus soziologischer Sicht ist diese These zu hinterfragen: Im Falle der Bauakademie sind andere gesellschaftliche Akteure und Fronten mit anderen Motiven am Werke als in der Frage des Stadtschlosses. Selbst wenn die Bauakademie wiederhergestellt werden sollte, wäre dieser fachlich motivierte Wiederaufbau noch kein Präzendenzfall für den bei weitem komplexer motivierten und bekämpften Wiederaufbau des Stadtschlosses.

Zurück zur Rekonstruktion der Bauakademie. Mit dem langsamen Verschwinden des Außenministeriums der DDR begann also auch der Konsens über die Rekonstruktion der Bauakademie etwas zu schwinden. Oder genauer: Die Gegner begannen sich argumentativ zu formieren. Auch das ist vor allem ein medialer Prozeß: Erinnert sei an die Aktion des allseits geschätzten Architekturkritikers Manfred Sack, der in seiner Hauszeitschrift, der ZEIT, einen kleinen inoffiziellen Wettbewerb zur Neugestaltung des Areals der Bauakademie mit neuer, moderner Architektur auslobte. Manfred Sack startete – erstaunlicherweise mit Unterstützung von Jonas Geist, der bislang immer das Primat der Nutzungsklärung vertreten hatte – diese Aktion mit einem Appell an die Berufsehre der Architekten: »Minderwertigkeitskomplexe eines ganzen Berufsstandes? Deswegen also die Ausflucht in das Surrogat? ... Aber alle Architekten nehmen das Rekonstruieren schweigend und in stiller Übereinkunft hin? Wir können nicht glauben, daß ihnen die Courage fehlt, es mit Schinkel aufzunehmen ...« (Zeit-Magazin 30.6.95)

Tatsächlich war das Echo derer, die es mit Schinkel aufnehmen wollten, beachtlich: 225 Teilnehmer spielten mit, darunter viele junge, ja angehende ArchitektInnen, auch aus der Technischen Universität Berlin. Mit zweifellos sehr pfiffigen Einfällen, die den spielerischen Charakter des Unternehmens unterstrichen.

Doch war das überhaupt ein Spiel? Manfred Sack hat mit seinem Appell an die Berufsehre der Archikten den Ernst der Angelegenheit betont. Und entsprechend harsch war die Reaktion – wiederum mit Hinweis auf die Ehre der Profession. So spottete etwa Peter Rumpf, Chefredakteur der Bauwelt: »Rummel ist angesagt, Buntes und Abstruses, Weihnachstmarkt eben – wie zur Zeit auf dem Schloßplatz nebenan ... Lauter plakative Sonderangebote, für den alsbaldigen Verbrauch bestimmt ... Was aber ... verheerender ist: Das Vorurteil, daß man ›die Architekten‹ heute eben nicht ernst nehmen kann ..., hat sich nicht nur dem ›Zeit‹-Leser einmal mehr bestätigt.« (1995, S. 2637) Und auch die Frankfurter Allgemeine Zeitung meint: »Der Ideenwettstreit brachte zehn Preisträger hervor und einen Sieger. Der heißt Karl Friedrich Schinkel.« (Heinrich Wefing in FAZ 7.12.95)

Mit der Aktion des Zeit-Magazins war die Auseinandersetzung auf eine neue Stufe gehoben: Sie wurde nicht mehr nur verbal geführt, sondern auch mit dem Medium des Bildes, strategisch geschickt in doppelter Weise inszeniert – in den Massenmedien, also im Zeit-Magazin, und in einer Ausstellung, und zwar im neu genutzten Staatsratsgebäude. Der Anspruch auf moderne Architektur wurde wirksam in Szene gesetzt.

Begleitet wird diese neue Position durch eine immer deutlichere Infragestellung des Abbruchs des Außenministeriums selbst, eine Infragestellung a posteriori. Tatsächlich läßt sich beobachten, daß die scheinbar gesicherte Legitimation des Abbruchs des DDR-Gebäudes in dem Maße an Gewicht verliert, als eine bessere Alternative immer weniger sichtbar ist. In der jetzt aufflammenden Spardebatte hätte eine solche Vernichtung von Ressourcen mit öffentlichen Geldern ohne klare Perspektive womöglich keine Legitimation mehr gefunden. Insofern war der Abbruch eine strategische Meisterleistung, wenngleich vielleicht ein Pyrrhussieg.

Ein Pyrrhussieg vor allem für diejenigen, die nicht nur am formalen Wiederaufbau eines Kultbaus interessiert waren, sondern auch am Aufbau einer neuen programmatischen Institution, einer Art neuer Bauakademie. Ein entsprechendes Konzept war innerhalb der Senatsbauverwaltung erarbeitet worden. Vorgesehen war eine öffentliche Nutzung im ersten Obergeschoß, ergänzt durch eine kommerzielle Nutzung im Erdgeschoß und private Nutzungen im zweiten und dritten Geschoß. »Es ist der Wille des Senats«, so der damalige Bausenator Wolfgang Nagel auf den Bauwochen Anfang Mai 1995, »an diesem Standort wieder die Bauakademie entstehen zu lassen, eine unabhängige wissenschaftliche Lehr- und Forschungsstätte für Fragen der deutschen und europäischen Stadtentwicklung, für Architektur, Städtebau, Stadterneuerung, Stadtplanung und Stadtbaugeschichte, kurzum ein lebendiger Ort öffentlicher Diskussion mit überregionaler Ausstrahlung.« Die geplante Institution wurde »Neue Bauakademie« genannt. Ein Teil des Neubaus sollte damit für eine öffentliche Nutzung reserviert werden. Das war im übrigen auch auf der Mai-Sitzung des Gemeinsamen Ausschusses bestätigt worden – von Bundesbauminister Töpfer wie vom Regierenden Bürgermeister Diepgen.

Ein solches Nutzungskonzept konnte sich auf zahlreiche Vorarbeiten und Anregungen stützen. Erinnert sei u.a. an das Plädoyer für ein »Zen-

Titelbild des ZEITmagazins mit den »besten Entwürfen« des »Ideenwettbewerbs« für einen Neubau an Stelle von Schinkels Bauakademie, 24. November 1995

Die Jury bestand aus Günter Behnisch, Jonas Geist, Adolf Krischanitz, Karljosef Schattner mit Manfred Sack. Zu erkennen ist eine Fotomontage mit »buntem Obstkuchen« anstelle der ehemaligen Bauakademie von Gunnar Tausch und Friedrich Tuczek.

RESOLUTION

Mit der Vereinigung Deutschlands bekommen die Bauaufgaben eine neue Dimension. Sehr bald schon sind jährliche Bauinvestitionen in Halbbillionengröße erforderlich, sie zu lösen.
Die Veränderungen unserer Umwelt werden gewaltig sein. Es ist Vorsorge zu treffen, daß die Veränderungen zugleich zu Verbesserungen und zu lebenswerteren Verhältnissen führen. Das setzt verantwortungsvolles Handeln voraus.
Verantwortlich handeln kann nur, wer sich der Voraussetzungen und Folgen seines Tuns bewußt ist. Die Lösung von Bauaufgaben, ihre Einbettung in den Bestand und die vorausschauende Berücksichtigung künftiger Entwicklungen erfordern komplexes und interdisziplinäres Denken.
Zugleich ist zu berücksichtigen, daß die traditionelle Orientierung des Bauens, der Stadtentwicklung und Raumordnung in eine neue, übergreifende Ordnung einzubetten ist, die alle Zusammenhänge nachhaltig beeinflussen wird.
Mit dem Fall des „Eisernen Vorhangs" erweitert sich die Raumordnung Europas um eine dramatische Ost-West-Dimension, die nicht nur gewaltige Disparitäten der Lebensbedingungen immer transparenter macht, sondern auch das Erfordernis für den Westen, dabei zu helfen, realistische Perspektiven und konkrete Modelle für die Entwicklung des Ostens aufzuzeigen.
Es gibt in der Bundesrepublik Deutschland keine Einrichtung, die dafür ein allgemein anerkanntes Forum bieten könnte. Die alte Bauakademie Schinkelscher Prägung besteht nicht mehr. Sie muß als Deutsche Bauakademie neu begründet werden, um die 300jährige Tradition nicht abreißen zu lassen und auf die Gestaltung der Zukunft Einfluß nehmen zu können.
Dabei geht es nicht nur um das Ziel selbst, Baukultur zu erhalten, wiederzugewinnen und zu stützen, sondern auch um die Mittel und Wege dazu. Viele Aufgaben, deren Lösungen zu jedermanns Nutzen gefördert werden müßten, werden schlecht oder gar micht erfüllt, weil sich entweder niemand darum kümmert oder weil die Interessen nicht koordiniert sind.
Eine Deutsche Bauakademie könnte Abhilfe schaffen. Um ein konkretes Aufgabenprofil und darauf ausgerichtete Organisationsvorstellungen zu entwickeln, ist die Einrichtung eines kleinen Arbeitsstabes geplant, der unter der Adresse Senatsverwaltung für Bau- und Wohnungswesen, Abteilung Architektur und Städtebau, z. Hd. Herrn Dipl.-Ing. E. Weiss, MD a. D., Behrenstraße 42–45, O-1080 Berlin, zu erreichen ist.
Er soll in Jahresfrist Vorschläge ausarbeiten und sie mit dem Bund und dem Land Berlin verhandeln, das sich schon aus traditionellen Gründen als Sitz der Deutschen Bauakademie anbietet.
Die Baufachleute und alle, die im Umgang mit unserer Umwelt den Willen haben, sie durch Bauleistungen zu verbessern und nicht zu ruinieren, sind aufgefordert, die beabsichtigte Gründung der Deutschen Bauakademie zu unterstützen und kritisch zu begleiten.
Breite Mitwirkungsbereitschaft ist erforderlich, um zu erreichen, was allein auf Konsens gegründet sein kann. Die Kompetenz der Deutschen Bauakademie kann sich nur aus der gewissenhaften Erfüllung von Pflichten und nicht aus der Ausübung von Rechten herleiten.

Resolution des CONSTRUCTA-SYMPOSIUMS »Baukultur und Bauakademie« in Hannover am 8.2.1992

trum für Baukultur und Stadtbaukunst« von Lothar Juckel im Architekturjahrbuch Berlin 1992 und an den Vorschlag von Karl Schwarz, TU Berlin, für ein »Zentrum für Stadtbaukunst, Stadterneuerung, Stadtforschung, Handwerk und Design« vom Juni 1995. Erinnert sei weiter an ein Symposium in Hannover, das bereits im Februar 1992 mehr das Für als das Wider einer neuen Bauakademie diskutierte. Dieses Symposium mündete in eine Resolution, in der es u.a. hieß: »Die alte Bauakademie Schinkelscher Prägung besteht nicht mehr. Sie muß als Deutsche Bauakademie neu begründet werden, um die 300jährige Tradition nicht abreißen zu lassen und auf die Gestaltung der Zukunft Einfluß nehmen zu können.« (Pro Bauakademie 1992, S. 69) Damals wurde die Einrichtung eines Arbeitsstabes unter Federführung des Bundesbauministeriums beschlossen, der binnen Jahresfrist konkrete Vorschläge ausarbeiten sollte. Die Dokumentation des Symposiums erschien noch 1992 und wurde durch die Vorworte von Bundesbauministerin Irmgard Schwaetzer und von Bausenator Wolfgang Nagel aufgewertet.

Die damalige Aufbruchstimmung wurde aber nicht genutzt. Der Arbeitsstab auf Bundesebene kam nicht in Gang. Das von der Senatsverwaltung 1995 erarbeitete, deutlich zurückhaltendere Konzept wurde im Mai 1995 durch den Berliner Senat abgeschmettert – mit dem Hinweis auf die leeren Kassen. Gefordert wurde dagegen ein Investorenwettbewerb, und zwar ohne detaillierte Nutzungsangaben. Das war schon fast eine kulturelle Kapitulation. Anders als der preußische König im Jahre 1831 war der Berliner Senat im Jahre 1995 nicht mehr von einer programmatischen Nutzung zu überzeugen, für die er doch wenigstens eine strategische, eine konzeptionelle Verantwortung hätte übernehmen müssen. »Soll hier«, fragt der Architekturkritiker Robert Frank, »wirklich eine ideelle Erbschaft meistbietend verscherbelt werden, der Abklatsch von Schinkels Werk einem Investor als Aushängeschild dienen?« (SZ 20.9.1995)

Auf einem Kolloquium zum Nutzungs- und Finanzierungskonzept einer künftigen Bauakademie im Oktober 1995 bekräftigte Bausenator Wolfgang Nagel noch einmal seine Vorstellungen. Notwendig sei eine Institution zur Diskussion der Zukunft der europäischen Stadt, »die sowohl unabhängig wie auch moralisch integer ist«. Zugleich mußte er einräumen, daß »die öffentlichen Kassen leer« sind. (Eröffnungsrede am 18.10.95)

Tatsächlich entfaltet sich die Auseinandersetzung um die Gestaltung des leergeräumten Standortes zu einem denkbar ungünstigen Zeitpunkt, dem wohl ungünstigsten Zeitpunkt seit 1989. Berlin ist anscheinend nicht mehr in der Lage, wertvolle Traditionen in neuer Form fortzuführen, konzeptionelle Weichen für die Zukunft zu stellen. In zahllosen Leitbilddiskussionen wird die Bedeutung Berlins als »Wissenschaftsmetropole« beschworen, wird gefordert, die intelligentesten Köpfe nach Berlin zu locken. Wenn es ernst wird, bleiben diese Worte Sonntagsreden. Und der Senat bemerkt das vermutlich nicht einmal. Vor diesem Hintergrund droht eine handfeste Blamage: Dem Abbruch des DDR-Außenministeriums folgt entweder eine blühende Wiese oder eine irgendwie wiederaufgebaute Bauakademie ohne programmatischen Inhalt – Sinnbild der fehlenden Gestaltungskraft Berlins. Das Auseinanderfallen von Abbruch und Neubau ist aber keineswegs so außergewöhnlich. Es ist eine Folge unseres politischen Systems oder besser: eine Folge der Demokratie als Bauherrin. Anders als in der Regel bei einem privaten Investor ist bei der öffentlichen Hand ein Zusammenfallen von Abriß und Aufbau keineswegs selbstverständlich. Für den Abbruch bedarf es einer Legitimation, also einer Duldung und Unterstützung seitens gewichtiger Akteure, und diese Legitimation schließt keineswegs immer ein bestimmtes Programm des Aufbaus ein. Für diesen Aufbau muß erneut die Legitimation erstritten werden. Und zwischen der Durchsetzung des Abbruchs und der Durchsetzung des Aufbaus liegt eine große Zeitspanne, in der sich die Zahl und die Gewichte der Akteure erheblich verschieben können. All das können wir im Falle des Außenministeriums beobachten, aber auch anderswo.

PERSPEKTIVEN EINER ARCHITEKTURSOZIOLOGIE

Meine Argumentation, das ist vielleicht deutlich geworden, ist keine architektonische, sondern eine architektursoziologische. Was aber ist der Gegenstand der Architektursoziologie? Zuallererst der erweiterte Entwurfsprozeß. Was heißt das aber, wie unterscheidet sich die architektursoziologische Sichtweise von der architektonischen?

Im Zentrum der architektonischen Sichtweise steht der Entwurf im engeren Sinne, das architektonische Handeln. Die gesellschaftlichen Prozesse, die dazu führen, daß ein Architekt mit einer konkreten Aufgabe betraut wird, die Veränderung der Standortqualität eines Grundstücks, die Veränderung des Eigentums, der Wahrnehmung des Bestandes, die Rolle des Architekten selbst und dessen Handlungskontext werden in der Regel ausgeklammert. Dies gilt auch für den Prozeß, der nach der Fertigstellung eines Gebäudes eintritt, für den Prozeß der Nutzung der Architektur, ein Themenfeld, das traditionell der Architektursoziologie zugeschrieben wird. Ich habe versucht, diese traditionelle Eingrenzung zu überwinden. Aber auch der Entwurf selbst als zu analysierender Gegenstand darf nicht ausgegrenzt werden: die Produktion des Entwurfs, seine Präsentation, seine Wahrnehmung.

In architektursoziologischer Perspektive ist die Wahrnehmung von Architektur interessant, die Wahrnehmung nicht als physiologischer Vorgang, sondern als gesellschaftlicher Prozeß, als Wahrnehmung unterschiedlicher gesellschaftlicher Akteure, als Durchsetzung dominanter Wahrnehmungsmuster. Wichtig ist dabei der Hinweis, daß solche Wahrnehmungen keineswegs unbedingt durch eine wissenschaftliche Analyse begründet sind, sondern auf dominanten kulturellen Wertungen aufbauen, die vor solchen Analysen bereits vorhanden sind. Dieser Apriorismus wird in der Regel unterschätzt, sowohl was seine Existenz als auch was seine Wirkungen betrifft. Denn er dient nicht nur zur raschen Legitimationsbeschaffung, sondern auch zur Mobilisierung von Ressourcen, die unter anderen Wertungsmustern als Verschwendung gekennzeichnet werden könnten. Und er kann nicht deterministisch als Reflex ökonomischer Perspektiven erklärt werden.

Erinnert sei in diesem Zusammenhang an die kulturelle Entwertung der Zeugnisse des Barock in der Zeit Schinkels, eine Entwertung, die auch für Schinkel selbstverständlich war. Hier hörte sein Verständnis von Denkmalpflege auf. Für Schinkel war es klar, daß etwa die barocke Turmspitze des ehrwürdigen Doms von Brandenburg an der Havel durch eine neogotische Version ersetzt werden muß. Erinnert sei an die kulturelle Entwertung der sog. Mietskasernenstadt, ja der Architektur des 19. Jahrhunderts überhaupt, die selbst die Bauakademie nicht verschonte. Erinnert sei an die heute dominante kulturelle Entwertung der Architektur der sechziger Jahre, nicht nur, aber vor allem der DDR-

Architektur dieser Zeit, eine Entwertung, die den Abbruch des Außenministeriums erleichterte.

Kennzeichnend für solche aprioristischen kulturellen Wertungen ist, daß sie nicht weiter begründet werden müssen, daß auf präzise Analysen verzichtet werden kann, daß aber derjenige, der diese Wertungen in Frage stellt, in erhebliche Begründungsnot gerät und mit Diskriminierungsstrategien überzogen wird. Zu fragen ist weiter nach der Herausbildung und Krise solcher relativ zählebiger Wertungsmuster, nach der Rolle der Architektenzunft und der Medien in diesem Prozeß, insbesondere der Fachmedien wie Bücher, Zeitschriften und Ausstellungen.

Diese Medien selbst sind ein wichtiger Gegenstand architektursoziologischer Betrachtung. Wie etwa wird ein Architekt fachmedial inszeniert, und warum geschieht dies so? Interessant wäre es, diese Frage am Beispiel Schinkels zu erörtern. Wir würden feststellen, daß Biographien von Architekten oft, ja in der Regel nicht als wissenschaftliche Biographien gestaltet sind, sondern als Hagiographien, als Heiligschreibungen, und zwar in Formen, die den Darstellungsmustern kirchlicher Texte oder offizieller kommunistischer Parteigeschichtsschreibung gar nicht so unähnlich sind. Dies gilt systemübergreifend. Man vergleiche nur die dominanten Inszenierungen zum 200. Geburtstag von Schinkel in West- wie Ost-Berlin. Bislang fehlt dagegen eine systematische Arbeit über Schinkels Tätigkeit etwa in der Oberbaudeputation.

Natürlich darf man nicht bei der Beschreibung solcher Mechanismen stehenbleiben, es geht auch nicht schlicht darum, der Hagiographie eine andere Deutung entgegenzustellen, die die gesellschaftlichen Bedingungen des Architektenhandelns und der Architekturproduktion miteinbezieht, sondern es geht darüber hinaus darum, nach dem Sinn und den Implikationen solcher Muster zu fragen. Dies ist mehr als einfach Rezeptionsgeschichte, Deutungsgeschichte, Professionsgeschichte.

Schon diese Hinweise zeigen, daß Architektursoziologie in erheblichem Maße selbstgesetzte Schranken der Soziologie überwinden muß, etwa die gewisse Scheu vor dem Bild als Gegenstand der Analyse, die immer noch nicht überwundene Tendenz, die historische Dimension gesellschaftlicher Phänomene und die räumliche Dimension gesellschaftlichen Handelns auszublenden. Die immensen methodologischen Probleme einer so verstandenen Architektursoziologie liegen auf der Hand. Daß es z.B. dominante Wertungsmuster gibt, ist wohl kaum

Modell des Neubaus der Fakultät für Architektur, Entwurf: Bernhard Hermkes, realisiert 1963 bis 1968

Nach der Neugründung der Technischen Universität am 9. April 1946 unter den Fittichen der britischen Besatzungsmacht wurden die technischen Fächer um geistes- und sozialwissenschaftliche Fächer erweitert. Insgesamt wurden neun Fakultäten eingerichtet, darunter die Humanistische Fakultät (am 7. März 1950) und die Fakultät für Architektur. Das Bemühen, die technischen Kernfächer, auch das Fach Architektur, mit sozialwissenschaftlichen Sichtweisen zu vernetzen, hatte später auch die Einrichtung eines Fachgebietes »Planungs- und Architektursoziologie« zur Folge. Der 50. Jahrestag der Neugründung der TU Berlin wurde im Jahre 1996 groß gefeiert – in einer Zeit, in der durch völlig überzogene und überhastete Sparauflagen gerade der Universitäts-Charakter der TU Berlin wieder gefährdet scheint.

zu bezweifeln, wie können diese aber präzise herausgefiltert werden? Klar ist dagegen, daß die Architektursoziologie sich als Medium der Verknüpfung unterschiedlicher, meist isolierter Diskurse bewähren muß, der Verknüpfung der Diskurse unterschiedlicher Teildisziplinen, der Verknüpfung der Diskurse unterschiedlicher Orte und Bauwerke, unterschiedlicher Interessenlagen und Akteure.

Es geht aber nicht nur um eine Metaanalyse der Disziplin Architektur, sondern auch um konkrete Vorgänge, etwa um den Prozeß der Neugestaltung des mittleren Friedrichswerder, oder noch konkreter, um den Wiederaufbau der Bauakademie. Ziel dieser Thematisierung ist es im übrigen keineswegs, ein Gebäude wie die Bauakademie und einen Architekten wie Schinkel kulturell zu entwerten. Das wäre ein

Mißverständnis. Das Ziel einer wissenschaftlichen Analyse wäre in diesem Falle die neuerliche Würdigung von Bauwerk und Entwerfer, eine komplexe Würdigung, die das Verständnis befördert, die ein Lernen ermöglicht, die Konsequenzen für heute diskutierbar macht. Daß Personenkult und eben auch Gebäudekult solche Prozesse erschweren, wissen wir nicht erst aus den sowjetischen und chinesischen Erfahrungen.

Bislang war meine Darstellung eine beobachtende, analytische. Dies wird von der Soziologie erwartet. Zugleich wird erwartet, daß sie in strategischer Hinsicht nichts mehr zu sagen hat. Diese Erwartung korrespondiert mit der Selbstdefinition einer Disziplin, die sich in der Regel einen Handlungsbezug versagt. Ich akzeptiere auch diese Einschränkung nicht. Architektursoziologie muß sich auch in strategische Auseinandersetzungen einmischen und Positionen beziehen. Positionen, die auf der Analyse beruhen, dieser aber nicht deterministisch entspringen. Was heißt das für unseren konkreten Fall?

PROGRAMMATISCHE PERSPEKTIVEN EINER EUROPÄISCHEN BAUAKADEMIE: BAU UND INSTITUTION

Jede Konzeption für den leergeräumten Ort der ehemaligen Bauakademie muß zwei Aspekte in vernetzter Form thematisieren: die bauliche Form und den Gebrauch dieser Form. Bei beiden Themen sind mehrere Optionen möglich: zum einen die ausschließliche Erinnerung an die Geschichte, d.h. die historische Rekonstruktion des Gebäudes und die museale Nutzung, dann die vollständige Negation der Tradition, d.h. der Neubau ohne jeden Bezug zur verschwundenen Bauakademie und eine Nutzung ohne jeden Bezug zu den historischen Nutzungen. Die dritte Option knüpft baulich und funktional an die Geschichte an, aber unter Berücksichtigung veränderter, aktueller gesellschaftlicher Bedürfnisse. Diese doppelte Orientierung ist wiederum in verschiedenen Formen denkbar. Alle baulichen und funktionalen Optionen lassen sich auch bunt mischen. Schließlich ist auch ein Liegenlassen des leeren Ortes möglich, ein Warten auf bessere Zeiten.

Fassadenreste der Bauakademie, 1995
Nach dem Abbruch des Gebäudes des Außenministeriums der DDR wurden im Bereich der ehemaligen Bauakademie Ausgrabungen durchgeführt, die Fragmente des Fassadenschmucks zu Tage brachten.

All diesen Optionen liegen unterschiedliche architektonische, funktionale, professionelle und gesellschaftspolitische Orientierungen zugrunde. Wünschenswert wäre die Option mit der höchsten Komplexität: die – keineswegs neue – Option der doppelten Orientierung, die bereits viel Vorarbeit und Zustimmung erfahren hat. Wünschenswert wäre eine Nutzung, die in freier Weise an die vielseitigen Traditionen anknüpft, indem sie die aktuellen und künftigen Fragen von Architektur, Stadt und Stadtpolitik aufgreift. Eine neue Bauakademie. Aber nicht unbedingt berlinisch, nicht preußisch, nicht für die neuen Bundesländer, und auch keine neue deutsche Bauakademie, sondern eine Institution mit perspektivisch europäischem Bezug, eine Institution, die der immer wieder beschworenen Vermittlungsfunktion Berlins zwischen Ost und West, zwischen Nord und Süd gerecht zu werden vermag. Eine Europäische Bauakademie zum Gegenstand Europäische Stadt, zu einem Gegenstand also, der nicht erst seit Beginn unseres

Jahrhunderts in seinen Wechselbezügen über Europa hinaus diskutiert werden muß.

Erforderlich ist eine Institution mit einem Bogen von der Architektur bis zur Stadtpolitik. Auch die politische Ebene muß einbezogen werden – nicht nur als Verbeugung vor der Tradition der Deutschen Hochschule für Politik. Denn es geht nicht einfach nur um Stadt, es geht auch um die politische Kultur der europäischen Stadt, es geht um die Gestaltung ihres Weiterlebens, manche sprechen sogar von Überleben. Eines Weiterlebens, das mehr und mehr gefährdet ist – durch Haushaltskrisen, durch den sozialen Zerfall, durch ökologische Gefährdungen, durch Kulturverfall, ja letztlich durch den Tod der Stadt, auf den uns mit Blick auf Sarajewo Bogdan Bodganovic eindringlich hingewiesen hat. Die überkommene Stadt weiterzubauen, ohne weitere Umweltzerstörung, schöpferisch tätig zu sein auch in politisch nicht immer erbaulicher Zeit, sparsam zu sein ohne Qualitätseinbußen, vielleicht sogar mit Qualitätsgewinn – ein kritischer Bezug auch zu Schinkels Werk wäre gerade in diesen Fragen eine Herausforderung.

Eine neue Bauakademie darf heute nicht mehr einem Ministerium oder einer Senatsverwaltung untergeordnet sein. Notwendig ist ein unabhängiges Forum des Nachdenkens über Vergangenheit, Gegenwart und Zukunft der europäischen Stadt, ein Forum, das sich zur Stadt hin öffnet, in Form von Tagungen, Ausstellungen, Vorträgen und anderen Aktivitäten. Eine Europäische Bauakademie kann nur unabhängig sein, wenn sie finanziell unabhängig ist. Sie kann wohl nur als Stiftung funktionieren, an der öffentliche und private Akteure beteiligt sind. Und eine solche Bauakademie wäre nur qualitativ, aber nicht quantitativ eine große Institution. Sie sollte Praktikern, Wissenschaftlern und Politikern aus europäischen Städten für begrenzte Zeit Raum für Arbeit und Diskurs geben, sie sollte darüber hinaus eine kleine, qualifizierte Personengruppe umfassen, die diese Institution zumindest über einen jeweils mittelfristigen Zeitraum leitet, prägt, stimuliert, eine Institution, die KollegInnen aus dem Westen und Osten umfaßt.

Das neue Gebäude wäre durch eine solche programmatische Kernnutzung noch nicht erfüllt. Weitere Nutzungen wären notwendig, im Erdgeschoß Läden, dann eine realistische Zusammenfassung der Architektursammlungen Berlins zumindest in der Form eines Zentralkataloges. Das Gebäude könnte weiter als Sitz fachbezogener Institutionen dienen, etwa als Sitz der Vereinigung der Stadt-, Regional- und Landesplaner oder der Bundesarchitektenkammer. Doch auch mit einem solchen Programm wäre der Bau noch nicht ausgefüllt. Wir kennen die weiteren Vorschläge: private Büros wie auch sonst im neuen Zentrum. Daneben sollte eine Alternative geprüft werden, die vor allem Hartmut Häußermann ins Gespräch gebracht hat: die Nutzung weiter Teile des Gebäudes durch die Hochschulen, die ja Räume benötigen und dafür auch anderswo Geld ausgeben müssen. Wünschenswert wäre die Unterbringung fachbezogener universitärer Einrichtungen, denn eine Europäische Bauakademie könnte von diesen Einrichtungen profitieren und umgekehrt. In Frage kommen dafür alle Hochschulen, in erster Linie die Technische Universität Berlin, die ja ein Sproß der Bauakademie ist, aber auch die Freie Universität, die über das Otto-Suhr-Institut eng mit der Bauakademie verbunden ist, und natürlich die Humboldt-Universität, die in unmittelbarer Nähe ihren Hauptsitz hat und – über das Meteorologische Institut (abgesehen vom Auslandswissenschaftlichen Institut) – schon früher ein wenig in der Bauakademie präsent war. Das wäre sicher ein interessantes, aber nicht unkompliziertes Experiment interuniversitärer Vernetzung.

Die Hochschulen sollten und müßten sich auch am Aufbau einer Europäischen Bauakademie beteiligen. Die programmatische Kernnutzung Europäische Bauakademie, eingebettet in ein universitäres Umfeld, wäre eine Perspektive, die nicht nur dem Gebäude ein Leben geben könnte, das die Grenzen der Büroarbeit, der Büroarbeitszeit und der Ladenschlußzeit sprengen kann, sondern die auch die beiden Plätze in Bewegung setzen könnte: den früheren Schinkelplatz, ein möglicher Universitätsplatz, und den Werderschen Markt, dessen weitere Verödung durch den Kopfbau des künftigen Bundesaußenministeriums zweifellos noch nicht gebändigt ist.

In baulicher Hinsicht könnte ein solches Konzept einer freien Rekonstruktion der Bauakademie entsprechen. Eine Rekonstruktion in der Dimension der alten Bauakademie, die den überkommenen Fragmenten an ihren vier Fassaden eine neue Präsentationsfläche bietet. Frei insofern, als ein Festhalten an der strikten Geschlossenheit des Gebäudes den künftigen Ansprüchen an ein offenes Haus nicht mehr entspricht. Der Neubau sollte sich auch zum Werderschen Markt hin öffnen. Während die Fassade bis zum Abbruch erhalten blieb, ist das Innere mehrfach und sehr rabiat umgebaut worden. Eine Rekonstruktion der ursprünglichen Fassung, der Fassung von Lucae oder gar der Fassung von Paulick wäre willkürlich. Die innere Gestaltung sollte lediglich der Struktur des Gebäudes gerecht werden und müßte mit der künftigen Nutzung abgestimmt werden. Überhaupt wäre zu beachten: Zuerst muß die Nutzung geklärt sein, dann kann über die baulichen Strukturen entschieden werden. Hier müssen zuallererst die Vorarbeiten erledigt werden: Noch gibt es nicht einmal eine systematische, synoptische Dokumentation der verschiedenen historischen Grundrisse und Nutzungen.

Mein Vorschlag wäre also eine den heutigen Bedingungen angemessene Wiedervernetzung von Bauakademie als Gebäude und Bauakademie als Nutzung. Oder in den Worten von Bernhard Schulz: »Das ›körperliche Gebäude‹ ist eines – wie bereits der 24jährige Schinkel formulierte –, ›welches jedesmal ein geistiges voraussetzt‹. Dieses ›geistige Gebäude‹ zu schaffen, ist die Zeit gekommen.« (Tsp 13.5. 1995) Ähnlich äußerte sich Erhard Weiss, Ministerialdirektor a.D. und Berater der Bundesbaugesellschaft Berlin mbH: »Irgendeine Lösung vorbei an der alten Institution, die dem Gebäude ihren Namen gab, ist unvorstellbar. Sie muß mitbedacht und gefunden werden.« (Deutsches Baublatt Nr. 218, Dezember 1995)

PROGRAMMATISCHE PERSPEKTIVEN EINER EUROPÄISCHEN BAUAKADEMIE: STÄDTEBAULICHE BEDEUTUNG

Die historische, doppelte formale städtebauliche Vermittlung muß unter veränderten Bedingungen erneut thematisiert werden. Das heißt vor allem: Die Gestaltung und Nutzung des Werderschen Marktes, eines der bedeutendsten Plätze des alten Berlin, ist zu klären, ein Thema, das bislang allenfalls in Expertenkreisen Beachtung gefunden hat, in der öffentlichen Diskussion aber kaum wahrgenommen wird. Die Wiedergewinnung eines öffentlichen Platzes von zentraler Bedeutung wird durch die aktuelle Planung nicht gerade gefördert: etwa durch die Neu-

Der Standort der ehemaligen Bauakademie nach deren Abbruch, Mai 1965 – zugleich Geburtsstunde des Gebäudes des Außenministeriums der DDR

Der Standort der ehemaligen Bauakademie nach dem Abbruch des Gebäudes des Außenministeriums der DDR, 1996

Der Platz wird wohl noch einige Zeit unbebaut bleiben. Aber lieber auf bessere Zeiten warten als die schlechteste aller Lösungen zu forcieren: einen rein kommerziellen Neubau ohne öffentliche Kernnutzung im Gewande der Schinkelschen Bauakademie. Diese Blamage sollte Berlin erspart werden.

Ansicht des mit einem 1. Preis ausgezeichneten Beitrages von Max Dudler zum Wettbewerb um den neuen Kopfbau des Auswärtigen Amtes, 1996

Die Planung des Werderschen Marktes schreitet voran: Links im Vordergrund ist die Südwestecke der (vorausgesetzten) Bauakademie zu erkennen, im Hintergrund in der Mitte die Hauptfassade des ehemaligen Reichsbankgebäudes. Der von Dudler vorgeschlagene, gesplittete Regierungs-Kopfbau soll Büroräume, aber auch eine Bibliothek, Magazinräume, Vortrags- und Schulungsräume umfassen. »Das Projekt«, so die Beurteilung des Preisgerichts unter Vorsitz von Josef Paul Kleihues, »überzeugt auf Anhieb ...« – allerdings nur 10 Preisrichter, 5 stimmten dagegen. Es wird weiter als »Grundlage für eine neue Stadtkomposition im Schinkelschen Sinne« gefeiert. Gemeint ist wohl die Auflösung der Stadt durch kubische Solitärbauten. Der Hinweis auf »präzise, zurückhaltende architektonische Details«, also auf die minimalisierte Lochsteinfassade, rundet das positive Urteil ab. Das Echo der Fachöffentlichkeit war weniger euphorisch. Peter Rumpf spricht in der Bauwelt von »neuer Kargheit«, die »kaum noch zu über- oder besser: zu unterbieten ist« (Bauwelt 25/1996, S. 1451). »Abgesehen von kleinen Nuancen kommen alle fünf Preise zu vergleichbaren Aussagen: einfaches Konstruktionsraster, streng orthogonale Baukörper, variationslose Fassade. Und der Einfachste, Strengste, Variationsloseste und damit Konsequenteste ist nun mal der Ungers-Schüler Max Dudler. Nach der Devise: Wo hinter den Fenstern alles gleich ist, müssen auch die Fenster alle gleich sein.« (S. 1485) Oskar Pick spricht in ARCH+ 132/1996 von »Einfältigkeit«, »extrem reduzierten Baukörpern« und einer inneren »Monotonie«, »Provinzialität« und »Dürftigkeit«. Die in der Ansicht drastisch erfahrbare, erschreckende Wendung des Schinkelkultes offenbart die Gefahr eines künftig funktional wie gestalterisch verödeten Werderschen Marktes. Einen Vorzug zumindest verbirgt Dudlers Projekt: Es bedarf zwingend einer (möglichst kleinteiligen) Bebauung des Blocks westlich des gesplitteten Neubaus, eine Konzeption, die derzeit wenig Unterstützung findet. Eine neue, vielfältig genutzte Bauakademie allein wäre für die Wiederbelebung des Werderschen Marktes zu schwach.

errichtung des Kopfbaus des Außenministeriums, der dem Platz nicht nur »Bedeutung«, sondern auch Leben bringen kann, womöglich aber dieses Leben durch Sicherheitsarchitektur erstickt, und durch die problematische Offenhaltung des südwestlichen Platzrandes hin zum künftigen Friedrichswerderschen Park. Auf alle Fälle kommt der Bau-

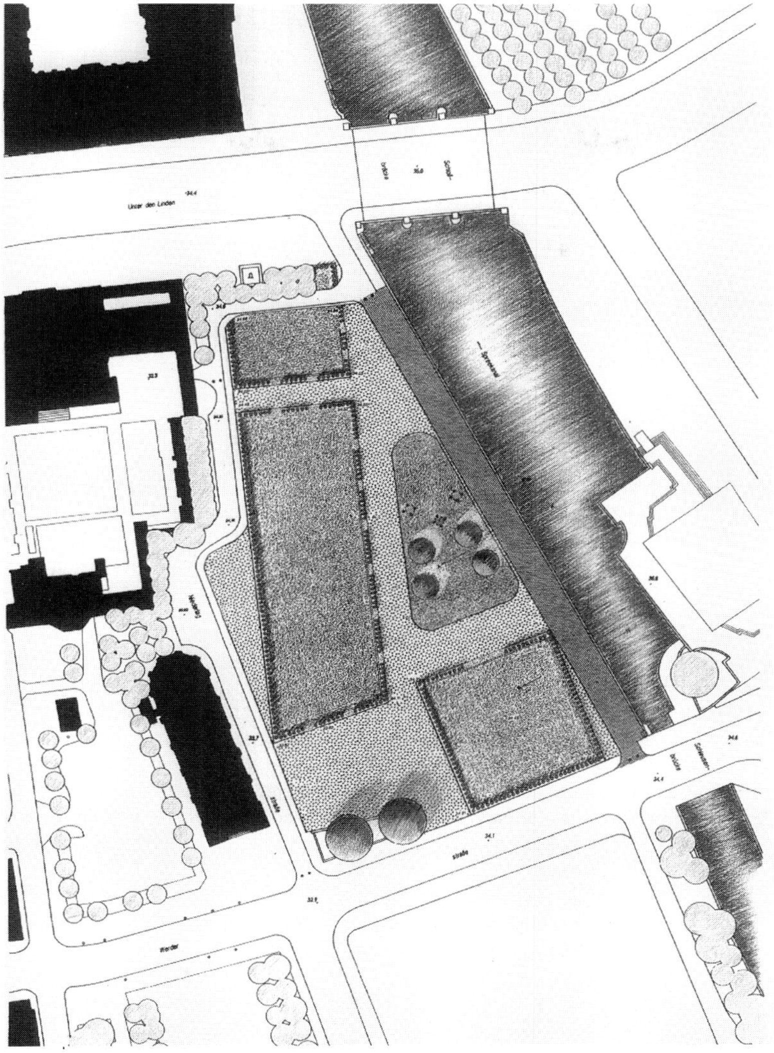

Entwurf zur vorläufigen Gestaltung des Schinkelplatzes/Werderschen Marktes, ag.u Lange & Grigoleit/Freiraumplanung, Auftraggeber: DSK Deutsche Stadtentwicklungsgesellschaft mbH Büro Berlin, Stand Mai 1996

Angesichts ausbleibender Bauvorhaben soll der historische Stadtgrundriß zunächst provisorisch durch grüngestalterische Maßnahmen in etwa nachgezeichnet werden: Die geplanten Bauflächen sollen zu Rasenflächen werden, deren Baulinien durch eine Bepflanzung hervorgehoben wird. Auf dem Schinkelplatz sollen der Denkmalsockel für das Schinkelstandbild sowie »Denkmalplatten« für die Standbilder von Beuth und Thaer angelegt werden. Der »öffentliche Raum« soll als Kiesfläche ausgebildet werden. Der südlich der imaginären Bauakademie gelegene künftige Kopfbau des Außenministeriums ist nicht dargestellt.

akademie unter den gegebenen Verhältnissen eine Schlüsselaufgabe bei der Neudefinition des künftigen Werderschen Marktes zu.

Die Vermittlungsfunktion der neuen Bauakademie nach Norden hin bedarf ebenfalls einer sorgfältigen Prüfung. Hier besteht weitgehend Konsens darüber, daß – zunächst provisorisch – der dreieckige Schinkelplatz wiederhergestellt werden soll, ein seltenes Beispiel eines zentralen Platzes am Wasser, ein Beispiel für den Kontrast zwischen streng geordneter Freifläche und architektonischer Vielfalt am Platzrand. Die Gestaltung der Freiflächen, die architektonische Fassung dieses Platzes im Westen und die Nutzung dieser Neubauten werden in ihrer Wechselwirkung diesen Platz prägen. Allerdings ist das Konzept für die Nutzung der diesen Platz im Westen begrenzenden Bauten noch nicht hinreichend geklärt. Schließlich bleibt die äußerst sensible Vermittlungsfunktion nach Osten hin zu diskutieren, zum Schloßplatz hin, eine Vermittlung, die historisch keine direkte war, sondern gebrochen war durch die Bauten der Schloßfreiheit, gebrochen auch noch nach dem Abbruch der Schloßfreiheit zugunsten des bombastischen Denkmals für Kaiser Wilhelm I.

Mit der Betonung der doppelten formalen Vermittlungsfunktion der Bauakademie wird auf Schinkels Konzeption des Zentrumsumbaus Bezug genommen, seine Idee einer neuen Zentrumslandschaft, die das barocke Zentrum überwindet, modifiziert. Damit soll aber nicht einer Wiederherstellung der Schinkelschen Zentrumslandschaft das Wort gesprochen werden; diese Landschaft ist zu sehr und zu gründlich zerstört worden, und zwar schon seit der Kaiserzeit, vor allem durch den Durchbruch der Kaiser-Wilhelm-Straße gen Osten, die Errichtung des Nationaldenkmals und den die überkommenen Proportionen radikal sprengenden Neubau des Domes. Es geht vielmehr um eine Neuinterpretation der Schinkelschen Konzeption der doppelten formalen Vermittlung. Und es geht letztlich um weit mehr: Für Schinkel begrenzte sich – im Gefolge der Sichtweise seiner herrschaftlichen Auftraggeber – der Zentrumsumbau auf das Gebiet westlich der Spree, insbesondere auf die Rationalisierung der furchtbar umständlichen Verbindungen zwischen Schloßbereich und den barocken Stadterweiterungen im Westen. Alt-Berlin blieb dagegen im Schatten dieser Planungen. Diese einseitige Westorientierung der Berliner Zentrumsentwicklung darf heute nicht mehr wiederholt werden: Die Neubestimmung des Verhältnisses zwischen Spreeinsel und den barocken Stadterweiterungen muß gleichzeitig und gleichberechtigt von einer Neubestimmung des Verhältnisses zwischen Spreeinsel und ehemaliger Altstadt, konkret dem großen Freiraum zwischen Spree und Alexanderplatz, begleitet werden, eine Neubestimmung, die sich auch der Aufgabe einer Neuinterpretation der für das Zentrum konstitutiven Dualität zwischen herrschaftlichem und stadtbürgerlichem Hauptstraßenzug stellen muß.

Ein Neuaufbau der Bauakademie hätte für die Entwicklung des Berliner Zentrums tiefgreifende Folgen. Er orientiert die Spreeinsel wieder nach Westen. Eine Antwort auf diese rückwärtsgerichtete Entwicklung muß eine entsprechende Betonung der Orientierung nach Osten sein. Und dies bedeutet m.E. baulich und konzeptionell den weitgehenden Erhalt und den Weiterbau des Palastes der Republik. Ein Neuaufbau der Bauakademie wäre keineswegs und automatisch ein Präzedenzfall für den Wiederaufbau des Schlosses. Die Bauakademie war ja selbst in der Vergangenheit kein notwendiger und geliebter Nachbar des Stadtschlosses, im Gegenteil.

AUSBLICK

Eine neue Europäische Bauakademie wäre ein Schlüsselbauwerk für das Berliner Zentrum, ein Bauwerk von internationaler Bedeutung in herausragender Lage, ein Bauwerk, das seinem Standort, vor allem dem Werderschen Markt, ein neues Profil geben wird, ein Bauwerk, das eine der wichtigsten Traditionsstränge der Berliner Wissenschafts- und Bildungslandschaft verkörpert, ein Meilenstein der Berliner Architektur- und Städtebaugeschichte. Bei einem Neubau dieser außerordentlichen Bedeutung kann die öffentliche Hand nicht ganz aus ihrer Verpflichtung entlassen werden. Daß eine solche Konzeption Vorleistungen der öffentlichen Hand erfordert, ist klar. Und zwar nicht nur die möglichst kostenlose Bereitstellung des Baugrundstücks durch den Bund. Zugleich sind private Akteure gefordert – auch als Sponsoren. Immerhin geht es um einen kalkulierten Kostenrahmen von insgesamt ca. 90 bis 130 Millionen DM für einen Wiederaufbau. Davon würde eine originalgetreue Fassade einen Kostenanteil in Höhe von ca. 30 Millionen. DM ausmachen.

Für die Vorleistungen der öffentlichen Hand, und seien sie noch so bescheiden, bedarf es wiederum eines überzeugenden Konzeptes. Überzeugend nicht nur in inhaltlicher Hinsicht, sondern auch dadurch, daß es von einem möglichst breiten fachlichen Konsens getragen wird. Dieser Konsens muß erst noch errungen werden. Und offensichtlich weniger in programmatischer Hinsicht als in baulicher Hinsicht. Ein Dauerstreit der beiden Grundsatzpositionen »Historische Rekonstruktion« versus »Moderner Neubau« wird der handlungsschwachen Berliner Politik den Vorwand liefern, sich aus der Verantwortung zu stehlen. Aus der Verantwortung nicht etwa für irgendeine disziplinäre Spielwiese, sondern für die schöpferische Fortführung einer großen Wissenschaftstradition.

Ein Bau- und Nutzungskonzept einschließlich Finanzierungskonzept für eine Europäische Bauakademie kann und darf in der jetzigen Phase noch nicht sehr detailliert sein. Es kann auch nicht am Schreibtisch ausgefeilt werden, sondern es bedarf einer prozeßhaften Steuerung. Und zwar durch die öffentliche Hand. Es handelt sich hier ganz offensichtlich um ein öffentliches Anliegen. Die Forcierung eines Investorenauswahlverfahrens, das die Frage der Nutzung im Dunklen läßt und letztlich einer vollständigen kommerziellen Nutzung keinen Riegel vorschiebt, wäre sicher eine völlig unakzeptable Lösung, eine Kapitulation der öffentlichen Hand, eine Blamage für Berlin. Tatsächlich zeichnet sich auch ein anderes Verhalten der öffentlichen Hand ab: ein Abwarten auf bessere Zeiten, eine Option, die gegenwärtig sicher nicht die allerschlechteste ist. Allerdings nur dann, wenn die Zeit genutzt wird – durch eine Suche nach Lösungen, die eine Kernnutzung durch die öffentliche Hand sichern, die die Universitäten einbinden und die zahlreichen Initiativen beteiligen, durch die Prüfung eines Stiftungsmodells und damit der Chancen privater finanzieller Unterstützung.

Im Jahre 1999 werden wir des 200. Gründungstags der Bauakademie gedenken. Schön wäre es, wenn zu diesem Zeitpunkt auch die Gründung einer Europäischen Bauakademie gefeiert werden kann, und vielleicht sogar die Grundsteinlegung ihres Gebäudes. Das ist natürlich keine Prognose, keine Trendmeldung, keine Wahrscheinlichkeitsrechnung. Das ist nur ein Wunsch, ein hoffentlich nicht allzu frommer Wunsch.

LITERATUR

Adler, Friedrich: Die Bauschule zu Berlin von Carl Friedrich Schinkel (1869). In: Festreden Schinkel zu Ehren 1846-1980. Berlin o.J.

Akademie der Künste und Hochschule der Künste, Berlin (Hg.): »Die Kunst hat nie ein Mensch allein besessen«. Ausstellungskatalog. Berlin 1996

Arbeitsgemeinschaft Umweltplanung – ag.u – Eckhard Lange & Bert Grigoleit: Friedrichswerder Nord. Schinkelplatz/Werderscher Markt. Gutachten im Auftrag der DSK Deutsche Stadtentwicklungsgesellschaft mbH Büro Berlin. Berlin 1996

Arenhövel, Willmuth (Hg.): Berlin und die Antike. Katalog der Ausstellung im Schloß Charlottenburg. Berlin 1979

Bappert & Wenzel: Die Lindenforen. Gutachten zur Anlage der Plätze zwischen Friedrichstraße und Kupfergraben. Berlin 1995

Berlin. Behauptung von Freiheit und Selbstverwaltung 1946-1948. Hg. im Auftrage des Senats von Berlin. Berlin 1959

Berlin. Ringen um Einheit und Wiederaufbau 1948-151. Hg. im Auftrage des Senats von Berlin. Berlin 1962

Berlin um 1900. Photographiert von Lucien Levy. Mit Beschreibungen von Herbert Kraft. Herausgegeben vom Archiv für Kunst und Geschichte. Ismaning bei München 1986

Berlins Aufstieg zur Weltstadt. Ein Gedenkbuch herausgegeben vom Verein Berliner Kaufleute und Industrieller aus Anlaß seines 50jährigen Bestehens. Berlin 1929

Bielke, Edgar: Friedrichswerder 1720 bis 1799. Eine historisch-demographische Untersuchung als Beitrag zur Sozialgeschichte des 18. Jahrhunderts. In: Einzelveröffentlichungen der Historischen Kommission zu Berlin. Band 54. Berlin-Forschungen I. Herausgegeben von Wolfgang Ribbe. Berlin 1986

Blauert, Elke: Karl Friedrich Schinkels Berliner Bauakademie. Ein Beitrag zu ihrem Wiederaufbau. Berlin 1994

Blauert, Elke/Kleihues, Josef Paul: Lehren, wo es Schinkel tat? Pro – contra. In: SKYLINE Ausgabe Nr. VI 2/1996

Bodenschatz, Harald: Karl Friedrich Schinkel made in GDR – Zur Ostberliner Schinkelausstellung. In: ARCH+ 56/1981

Bodenschatz, Harald: Der Mythos. Westberlin zu Füßen Schinkels. In: ARCH+ 57-58/1981

Bodenschatz, Harald: Platz frei für das neue Berlin! Berlin 1987

Bodenschatz, Harald: Zum Wiederaufbau der Bauakademie. Antrittsvorlesung an der Technischen Universität Berlin (Kurzfassung). In: Deutsches Architektenblatt 3/1996

Bodenschatz, Harald unter Mitarbeit von Hans-Joachim Engstfeld und Carsten Seifert: Berlin auf der Suche nach dem verlorenen Zentrum. Hamburg 1995
Büchel, Wolfgang: Karl Friedrich Schinkel. Reinbek bei Hamburg 1994
Bollé, Michael (Hg.): Der Campus. Ein Architekturführer durch das Gelände der Hochschule der Künste und der Technischen Universität Berlin. Berlin 1994

Deutsche Architektur. Jahrgang 1965, Heft 11
Deutsche Bauakademie (Hg.): Jahrbuch 1961. Berlin 1961
Deutsche Bauzeitung. Heft 44/1897
Dobbert, E./Meyer, A.G.: Chronik der Königlichen Technischen Hochschule zu Berlin 1799 – 1899. Berlin 1899
Dörge, Gerhart: Ein Vorschlag für den Werderschen Markt. In: Deutsche Bauzeitung Heft 42/1935
Draheim, Horst: Karl Friedrich Schinkel. Bauakademie Berlin. Musterfassade. Ein Beitrag zum Wiederaufbau. Ratingen 1995

Fiebelkorn, Jan: Bauakademie und Martin-Gropius-Bau. In: Karl Friedrich Schinkel 1981
Flierl, Bruno: Analyse »Unter den Linden«. Typoskript. Berlin 1966
Frank, Robert: Vom Architekturmuseum zur Neuen Bauakademie. In: Architektur in Berlin. Jahrbuch 1992. Hamburg 1992
Frank, Robert: Stadtplanung ohne Inhalt. Schinkels »Bauakademie« in Berlin als Beute für Investoren. In: Süddeutsche Zeitung vom 20.9.1995
Friedrich Wilhelm IV. Künstler und König. Zum 200. Geburtstag. Katalog der Ausstellung. Frankfurt am Main 1995
Die Friedrich-Wilhelm-Universität zu Berlin. Berlin 1926

Gablentz, Otto Heinrich v.d.: Das Otto-Suhr-Institut an der Freien Universität Berlin. In: Die Freie Universität Berlin. Berlin u.a. 1965
Geist, Jonas: »Der Rote Kasten«. Zur Schinkelschen Bauakademie. In: Museums-Journal Oktober 1992
Geist, Jonas: Karl Friedrich Schinkel. Die Bauakademie. Eine Vergegenwärtigung. Frankfurt am Main 1993
Geist, Jonas: Die unheimliche Dimension eines roten Kastens. Schinkels Bauakademie war Prototyp für Schulen, Kasernen und Gefängnisse. In: ZEITmagazin vom 24. November 1995
Göhler, Gerhard: Einleitende Überlegungen zum Kontinuitätsproblem. In: Göhler/Zeuner 1991
Göhler, Gerhard: Die Wiederbegründung der Deutschen Hochschule für Politik. Traditionspflege oder wissenschaftlicher Neubeginn? In: Göhler/Zeuner 1991
Göhler, Gerhard/Zeuner, Bodo (Hg.): Kontinuitäten und Brüche in der deutschen Politikwissenschaft. Baden-Baden 1991
Gottschalk, Wolfgang: Altberliner Kirchen in historischen Ansichten. Leipzig 1985

Gottschalk, Wolfgang (Hg.): Alt-Berlin. Historische Fotografien von Max Missmann. Leipzig u.a. 1987

Graefrath, Robert/Maaz, Bernhard: Die Friedrichswerdersche Kirche in Berlin. Berlin 1993

Gutzkow, Karl: Berlin – Panorama einer Residenzstadt. Berlin 1995

Haiger, Ernst: Politikwissenschaft und Auslandswissenschaft im »Dritten Reich«. (Deutsche) Hochschule für Politik 1933-1939 und Auslandswissenschaftliche Fakultät der Berliner Universität 1940-1945. In: Göhler/Zeuner 1991

Hain, Simone: Berlin, »schöner denn je« – Stadtideen im Ostberliner Wiederaufbau. In: Architektur Jahrbuch 1992 des Deutschen Architektur-Museums Frankfurt am Main. München 1992

Herrmann, Alfred (Hg.): Technische Universität Berlin-Charlottenburg. Brilon 1954

Hinze, Albrecht: Die Mitte wird entriegelt. Vor dem Abriß: Letzte Blicke auf das ehemalige DDR-Außenministerium. In: Süddeutsche Zeitung vom 10.5.1995

Die Hundertjahrfeier der Königlichen Technischen Hochschule zu Berlin 18.-21. October 1899. Berlin 1900

Im Flugzeug über Berlin. 48 Luftbilder mit Text von E. Ewald. Marburg/L. o.J. (um 1925)

Intendanz der Deutschen Staatsoper (Hg.): Deutsche Staatsoper Berlin. Zur Wiedereröffnung des Hauses Unter den Linden am 4. September 1955. Leipzig 1955

Jäckh, Ernst/Suhr, Otto: Geschichte der Deutschen Hochschule für Politik. Berlin 1952

Jahn, Franz: Technische Hochschule Berlin 50 Jahre in Charlottenburg. In: Zentralblatt der Bauverwaltung 1934, S. 679f.

Jahn, Hans: Berlin im Todesjahr des Großen Kurfürsten. Erläuterungen zum Perspektivplan von Johann Bernhard Schultz aus dem Jahre 1688. Berlin 1935

100 Jahre Technische Universtität Berlin 1879-1979. Katalog zur Ausstellung. Berlin 1979

Juckel, Lothar: Es ist an der Zeit, ein Zentrum für Baukultur und Stadtbaukunst zu schaffen. In: Architektur in Berlin. Jahrbuch 1992. Hamburg 1992

Kieling, Uwe: Berlin. Baumeister und Bauten. Von der Gotik bis zum Historismus. Berlin 1987

Kieren, Martin: Backstein der Aufklärung. In: die tageszeitung Berlinausgabe vom 20.9.1993

Kiesling, Johannes Martin: Schinkel um 1831 (1931). In: Festreden Schinkel zu Ehren 1846-1980. Berlin o.J.

Konter, Erich: Die Königliche Technische Hochschule zu Berlin – Daten und Weg zu ihrer Gründung. In: 100 Jahre Technische Universität Berlin 1979

Konter, Erich: Zur Standortwahl der Königlichen Technischen Hochschule zu Berlin. In: 100 Jahre Technische Universität Berlin 1979

Konter, Erich: »Architekten-Ausbildung« im Deutschen Reich. In: Mai, Ekkehard/Pohl Hans/Waetzoldt Stephan (Hg.): Kunstpolitik und Kunstförderung im Kaiserreich. Berlin 1982

Kotowski, Georg (Hg.): Die Freie Universität Berlin. Berlin 1965

Lang, Max: Die Universität Berlin. Wien u.a. 1931

Leinauer, Irma: Die Geschichte eines politischen Bauwerks von der Entstehung bis zum Abriß: Das Ministerium für Auswärtige Angelegenheiten der DDR. Diplomarbeit am Institut für Stadt- und Regionalplanung der TU Berlin. Berlin 1996

Lehnert, Detlef: »Schule der Demokratie« oder »politische Fachhochschule«? Anspruch und Wirklichkeit einer praxisorientierten Ausbildung der Deutschen Hochschule für Politik 1920-1933. In: Göhler/Zeuner 1991

Löser, Christine: Die Oberbaudeputation als Instrument Friedrich Wilhelms III. für den Ausbau Berlins zwischen 1810 und 1840. Magisterarbeit am Fachgebiet Neuere Geschichte der TU Berlin. Berlin 1994

Lucae, Richard: Schinkel im Lichte der Gegenwart (1865). In: Festreden Schinkel zu Ehren 1846-1980. Berlin o.J.

Märkisches Museum (Hg.): Berlin zwischen Residenz und Metropole. Photographien von Hermann Rückwardt 1871-1916. Berlin 1994

Matschoss, Conrad: Preußens Gewerbeförderung und ihre großen Männer. Berlin 1921

Missiroli, Antonio: Die Deutsche Hochschule für Politik. Königswinter 1988

Napiontek, Gertrud: Protokoll des Colloquiums zur ehemaligen Schinkelschen Bauakademie, 19.10.1995

Neugier und Nutzen. 50 Jahre Technische Universität Berlin. Begleitband zur gleichnamigen Ausstellung. Berlin 1996

Nicolai, Friedrich: Beschreibung der königlichen Residenzstadt Berlin. Eine Auswahl. Berlin 1786, Reprint Leipzig 1987

Nicolai, Friedrich: Wegweiser für Fremde und Einheimische durch Berlin und Potsdam und die umliegende Gegend. Reprint der Ausgabe von 1833, Berlin 1980

Der Palast der Republik. Texte von Heinz Graffunder und Martin Beerbaum. Leipzig 1977

Paulick, Richard: Zum Wiederaufbau der Deutschen Staatsoper. In: Intendanz der Deutschen Staatsoper (Hg.): Deutsche Staatsoper Berlin. Zur Wiedereröffnung des Hauses Unter den Linden am 4. September 1955. Leipzig 1955

Peschken, Goerd: Schinkels Bauakademie in Berlin. Ein Aufruf zu ihrer Rettung. Berlin 1961

Peschken, Goerd: Ein Vierteljahrhundert Schinkelrezeption: meine. In: Karl Friedrich Schinkel 1981
Peschken, Goerd: Der Staats- und Star-Architekt Preußens. Ein Künstler, der zum Monument wurde – Karl Friedrich Schinkels 200. Geburtstag am 13. März. In: DIE ZEIT vom 13.3.1981
Peschken, Goerd: Preußens Mitte. In: Boberg, Jochen/Fichter, Tilman/Gillen, Eckhart (Hg.): Exerzierfeld der Moderne. Industriekultur in Berlin im 19. Jahrhundert. München 1984
Pick, Oskar: Politik der Einfältigkeit. Auswärtiges Amt der Bundesrepublik Deutschland. In: ARCH+ 132/1996
Politisches Handwörterbuch. Erster Band. Leipzig 1929
Posener, Julius: Vorwort. In: Festreden Schinkel zu Ehren 1846-1980. Berlin o.J.
Presseerklärung: Ehemaliges DDR-Außenministerium wird abgerissen – historisches Stadtquartier mit Bauakademie entsteht neu. 5. 5.1995
Pressemappe. Internationaler städtebaulicher Ideenwettbewerb Spreeinsel. 2. Phase. Berlin/Bonn 1994
Presse- und Informationsstelle der Freien Universität Berlin (Hg.): Villen, Rost- und Silberlauben. Baugeschichtliche Spaziergänge über den Campus der Freien Universität Berlin. Berlin 1993
Pro Bauakademie. Argumente für eine Neugründung. Dokumentation der Diskussion auf der Constructa '92 am 8. Februar 1992 in Hannover. Berlin 1992

Rave, Paul Ortwin: Genius der Baukunst. Eine klassisch-romantische Bilderfolge an der Berliner Bauakademie. Berlin o.J.
Rave, Paul Ortwin: Karl Friedrich Schinkel. Lebenswerk. Berlin. Stadtbaupläne, Brücken, Straßen, Tore, Plätze. Berlin 1948
Rave, Paul Ortwin: Karl Friedrich Schinkel. Lebenswerk. Berlin, Dritter Teil. Berlin 1962
Rave, Paul Ortwin: Kunst in Berlin. Berlin 1965
Rave, Paul Ortwin (Schriftleitung)/Wirth, Irmgard (Bearbeitung): Die Bauwerke und Kunstdenkmäler von Berlin. Stadt und Bezirk Charlottenburg. Berlin 1961
Rellstab, Ludwig: Berlin und seine Umgebung um die Mitte des 19. Jahrhunderts. Reprint der Ausgabe von 1854, Augsburg 1993
Rumpf, Peter: Früchtchen in Gelee. In: Bauwelt 46/1995
Rumpf, Peter: Wettbewerb Auswärtiges Amt am Werderschen Markt in Berlin. Ein Kommentar. In: Bauwelt 25/1996

Sack, Manfred: Eine freie Fläche mitten in Berlin ... Ideen gesucht! Wir wollen keine Rekonstruktion von Schinkels Bauakademie! In: ZEITmagazin vom 30. 6.1995
Sack, Manfred: Was wird aus Berlins Mitte? Aus Angst vor dem Neuen fliehen verblendete Nach-Preußen ins Alte. In: ZEITmagazin vom 24.11.1995

Schinkel, Karl Friedrich: Sammlung architektonischer Entwürfe, Heft 25, 1836
Karl Friedrich Schinkel. Berlin. Bauten und Entwürfe. Berlin 1973
Karl Friedrich Schinkel 1781-1841. Katalog der Ausstellung im Alten Museum. Berlin 1980

Karl Friedrich Schinkel. Architektur Malerei Kunstgewerbe. Katalog der Ausstellung in der Orangerie des Schlosses Charlottenburg. Berlin 1981
Karl Friedrich Schinkel. Werke und Wirkungen. Katalog der Ausstellung im Martin-Gropius-Bau. Berlin 1981
Senatsverwaltung für Bau- und Wohnungswesen (Hg.): Projekte für die Hauptstadt Berlin. Städtebau und Architektur Bericht 34. Berlin 1996
Schmid, Josef: Karl Friedrich Schinkel. Der Vorläufer neuer deutscher Baugesinnung. Leipzig 1943
Söllner, Alfons: Gruppenbild mit Jäckh – Anmerkungen zur »Verwissenschaftlichung« der Deutschen Hochschule für Politik während der Weimarer Republik. In: Göhler/Zeuner 1991
Specht, Agnete von/Baumunk, Bodo Michael: »Die Kunst hat nie ein Mensch allein besessen«. Ausstellung zur 300-Jahrfeier der Akademie der Künste und der Hochschule der Künste. In: Museums-Journal Nr. II, April 1996
Spiker, S. H.: Berlin und seine Umgebungen im neunzehnten Jahrhundert. Berlin o.J., Reprint 1974
Springer, Robert: Berlin. Ein Führer durch die Stadt und ihre Umgebungen. Reprint der Ausgabe von 1861, Bremen 1976
Staatliche Museen zu Berlin, Nationalgalerie: Schinkelmuseum Friedrichswerdersche Kirche. Berlin 1987
Strunz, Hugo: Von der Bergakademie zur Technischen Universität Berlin, 1770 bis 1970. Berlin 1970
Studierende des Freien Fachs FB 2 Architektur Hochschule der Künste: Rückbau Berlin. Flugblatt 1995

Die Technische Hochschule zu Berlin 1799-1925. Festschrift. Berlin 1925
Technische Universität Berlin (Hg.): Technische Universität Berlin. Berlin 1965
Teut-Nedeljkow, Anna: Die Königliche Bauakademie: Zwischen Revolution und Reform: In Preußen entsteht das erste deutschsprachige Polytechnikum. In: 100 Jahre Technische Universität Berlin 1979
Treue, Wilhelm: Christian Peter Wilhelm Friedrich Beuth. In: Treue, Wolfgang und Gründer, Karlfried (Hg.): Berlinische Lebensbilder. Wissenschaftspolitik in Berlin. Minister, Beamte, Ratgeber. Berlin 1987
Tscheschner, Dorothea: Planungs- und Baugeschichte des ehemaligen Außenministeriums der DDR am Marx-Engels-Platz in Berlin Mitte. Unveröffentlichtes Typoskript. Berlin 1996

Unser Motiv. 1847-1897. Festschrift zum fünfzigjährigen Bestehen des akademischen Vereins. Berlin 1897

Wefeld, Hans Joachim: Ingenieure aus Berlin. 300 Jahre technisches Schulwesen. Berlin 1988

Weiss, Erhard: Schinkel hätte sich für einen modernen Bau entschieden. In: Deutsches Baublatt Nr. 218, Dezember 1995

Zaske, Nikolaus: Anmerkungen zu Schinkels Bauakademie. In: Wissenschaftliche Zeitschrift der Ernst-Moritz-Arndt-Universität Greifswald : Karl Friedrich Schinkel – zwischen Klassizismus und Romantik –, 3. Greifswalder Romantik-Konferenz. Gesellschafts- und sprachwissenschaftliche Reihe XXXI – 1982 – 2-3

Zedlitz, Leopold Freiherr von: Neuestes Conversations-Handbuch für Berlin und Potsdam zum täglichen Gebrauch der Einheimischen und Fremden aller Stände. Reprint der Ausgabe von 1834, Berlin 1981

Ziller, Hermann: Schinkel. Bielefeld u.a. 1897

Zeitungen und Zeitschriften: ARCH+; Bauwelt; Berliner Morgenpost; Berliner Zeitung; BZ; Deutsche Architektur; Deutsche Bauzeitung; Deutsches Architektenblatt; Deutsches Baublatt; Frankfurter Allgemeine Zeitung (FAZ); Frankfurter Rundschau (FR); Handelsblatt; Museums-Journal; Neue Zeit; SKYLINE; Süddeutsche Zeitung (SZ); Tagesspiegel (Tsp); die tageszeitung, Berlinausgabe (taz); DIE ZEIT/ZEITmagazin; Zentralblatt der Bauverwaltung

BILDNACHWEIS

Karl Friedrich Schinkel 1980: S. 7; 61. Landesbildstelle Berlin: S. 8; 13; 25; 37; 51; 57; 76; 99. Sammlung Harald Bodenschatz: S. 10; 83. Pressemappe 1994: S. 10. Deutsche Architektur: S. 15; 18; 20. Sammlung Götz Bergander: S. 19. Bruno Flierl 1966: S. 21; Der Palast der Republik 1977: S. 23. Brandenburgisches Landesamt für Denkmalpflege: S. 27. Rave 1962: S. 29; 38. Friedrich Wilhelm IV. 1995: S. 30. Deutsche Bauzeitung 1897: S. 32. Akademie der Künste 1996: S. 35. Karl Friedrich Schinkel 1836: S. 39. Karl Friedrich Schinkel 1981: S. 40. Unseer Motiv 1897: S. 42. Plansammlung der TUB: S. 43; 45. Die Hundertjahrfeier ... 1900: S. 46. Landesarchiv Berlin: S. 48; 54. Rave/Wirth 1961: S. 49. Kotowski 1965: S. 52. Deutsche Bauakademie 1961: S. 53. Hain 1992: S. 55. Archiv für Kunst und Geschichte, Berlin: S. 58; 77. Matschoss 1921: S. 63. Pundt 1981: S. 66; 68. Graefrath/Maaz 1993: S. 67. Staatsbibliothek zu Berlin: S. 69. Märkisches Museum: S. 70, 74. Bildarchiv preußischer Kulturbesitz: S. 71. Gottschalk 1987: S. 72. Berlin um 1900: S. 73. Im Flugzeug über Berlin o.J.: S. 74. Dörge 1935: S. 75. Draheim 1995: S. 81. Zeit-Magazin v. 24.11.1995: S. 87. Pro Bauakademie 1992: S. 88. Technische Universität Berlin 1965: S. 93. DSK: S. 95. Erik Jan Ouverkerk: S. 99. Bauwelt, Heft 25 v. 5.7.1996: S. 100. Lange & Grigoleit: S. 101.

Harald Bodenschatz, 1946 geboren, ist seit 1995 Professor für Planungs- und Architektursoziologie an der TU Berlin. Er hat zahlreiche Aufsätze und Bücher zur neueren Stadtbaugeschichte, zur Stadterneuerung in Europa und zur Stadtplanung (mit-)verfaßt bzw. herausgegeben. Mit Hans-Joachim Engstfeld und Carsten Seifert veröffentlichte er 1995 das Buch »Berlin auf der Suche nach dem verlorenen Zentrum«. Im :TRANSIT Verlag erschienen von ihm »Platz frei für das neue Berlin« sowie »Stadtbaukunst in Brandenburg an der Havel« (zusammen mit Carsten Seifert). Harald Bodenschatz erhielt den Preis des Verbands der deutschen Kritiker 1994 für die Sparte Architektur (zusammen mit Stephan Braunfels).

Der Autor war seit 1989 zu verschiedenen Anlässen mit dem geplanten Wiederaufbau der Bauakademie befaßt, so im Rahmen der Auseinandersetzungen um den Einbezug einer wiederaufgebauten Bauakademie in das Ensemble des Bundespräsidenten vor dem Hintergrund der Vorbereitenden Untersuchungen zum Parlaments- und Regierungsviertel Berlin zu Beginn der 90er Jahre, dann im Rahmen des Städtebaulichen Ideenwettbewerbs Spreeinsel, in einer Kurzstellungnahme zum Wiederaufbau des Gebäudes für die Senatsbauverwaltung vom August 1994 und schließlich in einem Beitrag zum Kolloquium über die ehemalige Schinkelsche Bauakademie der Senatsbauverwaltung vom Oktober 1995. Dazu kam eine beratende Tätigkeit im Rahmen der Dokumentation des Gebäudes des Außenministeriums der DDR, die von Dorothea Tscheschner im Auftrag der Deutschen Stadtentwicklungsgesellschaft mbH/Büro Berlin (DSK) erarbeitet worden ist. Der Essay »Der rote Kasten« ist die modifizierte und erweiterte Fassung der Antrittsvorlesung des Autors an der Technischen Universität Berlin am 14. Dezember 1995.

Wie fast alle wissenschaftlichen Arbeiten spiegelt auch der vorliegende Essay den Rat und die Kritik zahlreicher Kolleginnen und Kollegen wider. Gedankt sei Nicolette Baumeister, Ursula Bodenschatz, Jörn Dargel, Hans-Joachim Engstfeld, Felix Escher, Richard Faber, Bruno Flierl, Erich Konter, Irma Leinauer, Christine Löser, Engelbert Lütke Daldrup, Andreas Matschens, David Naegler, Gertrud Napiontek, Dieter Radicke, Annalie Schoen, Werner Sewing, Hans Stimmann, Dorothea Tscheschner, Manfred Walz, Erhard Weiss, Max Welch Guerra.

Schumann
Marien
straße
SPREE
Weidendamm
Am
Planck
Geschwister-Scholl-
Straße
Universität
Georgen
Otto-Grotewohl-
Straße
Charlotten
straße
Universitätsbibliothek
Akademie der
Mittel
Baustelle
Pariser
Platz
Unter den
Glinka
Komische Oper
Parkplatz
Behren
Mauer
Wilhelm-Külz-
Französische
Lagerplatz
Platz
der
Akademie
Otto-Nuschke
Johannes-
Dieckmann-
Thälmann
platz
U-Bf. Stadtmitte
Kronen
Mauer
straße
Krausen
Leipziger
Platz
Leipziger
Hausvogtei
Niederkirchner
straße
Zimmer
Wilhelm-
Straße
Martin-
Gropius-Bau
Koch-
Berufsschule
Seniorenheim